過ぎにし歳月

目次

前書き

筆者の母の33回忌が行なわれたのは確か、昭和54年、初夏のことだったと思う。

法要は、縁者を集め、故人を偲び思い出す話しの場だ。父が76才、僕が46才の時だった。僕も父も酒席が好きだ。宴席でふと思いついて、

「オヤジが死んだら、昔のこと、まるで判らなくなっちゃうね。

生きているうちに何か書いといてよ」

口に出して父に頼んだ覚えがあった。

上京する折には極力、父の顔を見るように心掛けていた。

半年程たったある日、実家に立ち寄ったとき、父は僕に一冊に綴じた紙の束を手渡してくれた。開いてみると、母の若き或る春の一日から書き出された「父と母との物語」といえるようなものだった。父の文章は見事なもので最初の一字から最後の一字までま

るで淀みなく、一字の挿入・省略・訂正・推考の跡もなく、スラスラと一気に何の苦もなく書き流したように読めた。これを筆者ひとりで保存するのにはやや気が重い。縁者に読んでもらおうかどうか考えた。ただ、読者は若い縁者に限られている。筆者は僭越にもより読み易いようにと加筆して、自分風に書き直した。これを妻に清書してもらい、何部かコピーし、小冊子として縁者に配った。30年も前のことだ。

母の33回忌から半世紀以上、父が亡くなってからもすでに40年の歳月が流れた。筆者自身もいつか90才を超えるまで年をとった。

ごく最近のこと、ひとり娘がこの冊子のゲラ刷りを持参、唐突に

「活字にしておきたいから校正して！」

という。

「読者も限られているのに、そんな必要ないよ」

と答えたが、改めて読み返してみると、案外、父と母とが見た風景・過ぎ去った古い時代が見えるようにも感じた。また、見方によれば、親・子・孫三代に亘るひとつの珍しい合作作品といえるかもしれない。

記述した内容に、間違いがあればその責はすべて、筆者にある。

「文は人なり」父の原文を損ねた怖れあり。

この際更に加筆してほんのいくらかでもマシなものにしてみようかとも思ったが、名もなき一庶民が生きた証し、記録にすぎない。原本のまま活字にすることを了とした。

一　根岸の里

一、お条

仕入から帰ったお条は、下駄を脱いで、そのまま調理場にあがると、いつものように流しにつづく西側の窓を三分の一程開けた。隣家から塀越しに張り出した小枝に、桜の花が一つ二つ開いているのをみつけると、流れこんでくる空気までが、にわかにふっくらとなごんできたような気がして、お条は僅かに気持が華やぐのを感じた。このところ、ふっと亡夫を思い出すことが多い。

「生きているときには、悪いところばかりが目について。近頃やっと、あの人の良さが判ってきたような気がする。死んだ亭主の友人だったというだけの縁で京都生れの京都育ち、連れ子まである私などと、どうして一緒になる気になったのだろう。考えてみると不思議な縁だった。

三十すぎで初婚というのが曲者で随分と苦労させられた。でも憎めない人だった。側にいるだけで、安心感があったもの。夫というよりは父みたいなところがあった。私のことをいつまでも子供あつかいして……。一体、本当のところ、私のことを、どう思っていたんだろう。」

桜のつぼみに気持が華いだのは、でもほんの僅かな時間だった。今また、すでに習慣になりかかっている例の不安に捉われた。それは、不意に心臓を鷲づかみにするように時を選ばず襲ってくるのだった。夫さえ存命なら、これ程まで経営が悪化することもなかったに違いない。夫が亡くなって以来、客足は年々遠のいて、店はどうにもならなくなってきていた。

何かにすがりつきたいような心細さが、いつもは気丈なお条をつい気弱にさせて、いや応なく彼女を暗い予感の中に引きずり込んでしまうのだった。

大正九年、戦後恐慌といわれる不景気に見舞われている最中、この年流行った悪性のインフルエンザが、突然、夫を奪い去ったのだった。

夫に一番可愛がられた彦さんと云う実直な使用人がふぬけのように座りこんで、よごれた手ぬぐいで、涙をこすり、こすり、いつまでも泣いていた。

お条は、それ程永く泣いてはいられなかった。子供達と店が残されていた。骨を谷中四丁目三ノ二七の象頭山頤神禅院〔臨済宗〕に葬ると、むしろいどみかかるようにして、これまでの夫の役割を演じようとした。母としての気丈な面が、急に彼女を強くしたのだろう。

夫は、どんなに仕事が遅くなったときでも、翌朝四時すぎには離床した。お条のいれた濃い一杯のお茶をゆっくりとのみほすと、すいと立って、「じゃあ、いってくるよ。」と声をかけ南雲彦造、通弥彦さんを連れて、未だ明けやらぬ闇の中に出掛けて行くのが日課だった。日本橋にある魚河岸まで仕入れに行くのだ。

お条も、彦さんをつれて同じ魚河岸に仕入れに行くようになって久しい。随分、努力もし、馴れたつもりになっているが、いつまでも、どこか男とは扱われかたが違っていた。自分でも足りないところのあるのは承知していたが、それ以上に女の年寄りだからと軽んぜられるところがあった。仕入だけではない。あらゆる面で女性であるための不足があるに違いなかった。自分が女であること、お条には、それが口惜しかった。

あれから四年、世の中の景気は一向に回復しないまま、この店も崩潰の危機にさらされているのだ。お条は深い溜息をつくと、再び物思いにふけるのだった。

二、　三井金之助

慶応四年五月（一八六七）、武士の身分と肉親を失った夫は、父の書状を頼りに三輪の料理屋にのがれた。さいわいそこにかくまわれることが出来た。十二才であった。その後、殆どの士族が町人以下のみじめな生活を強いられるなかで、彼はひたすら腕に職をつけることに専念した。

二十才のとき、坂本から三輪に至る街道に面し、下谷金杉、三島神社正面に廃業する料理屋があったのを買取り、奉公人五人を雇い、てんぷら屋を開業した。己の姓名、〔三井金之助〕から「三金」と称した。店前の街道は、日光街道に通じ、近在の農家、江戸に出入りする旅人、商人などの往来はげしく、店は大いに繁盛した。間口八間、階上階下合わせて百坪以上の店も、たちまち狭さを感じる程になった。板前、焼方などの職人が五人、女中も十人の上を数えるまでになった。

お条が嫁に来たのは、丁度店が最盛期にあたっていた頃だったといえる。明治二十二年、金之助三十四才、お条二十五才であった。結婚して十年目に長男が生れた。金太郎のようなかたぶとりした子であった。義夫と名づけた。翌々年女の子が生れた。栄子と名づけた。連れ子のトシとは十才以上も年が離れていたが、彼等の仲は実に良かった。

子供達の成長に一喜一憂している中に月日は流れた。

風流人からは鶯の鳴き声にちなみ、〔初音の里〕などと呼ばれ独特の風情をもっていた閑静な根岸の里にも「文明開化」は訪れていた。明治三十六年、鉄道馬車が市電に変って間もなく、三輪、人形町間にも市電が開通した。市電通りに、交叉してお行の松に至る「柳通り」に面して、花柳界が生れた。通りの周辺には、芸者屋、料理屋、待合などがつぎつぎに建てられていった。

いつか『三金』の客は街道の旅人から、芸者を始めとする花柳界の人々に変わってきていた。

日露戦争終了を堺として、大店の経営は、次第にむずかしくなってきていた。

柳通りに面し、検番に入る道の角地に料理屋の売物が出たのを機に、夫は思い切って三島神社前の店を売り払い、ここに移ることにした。二面が道路に面し、その両面それぞれに三間の入り口を持った二階屋だった。二階の窓からは、お行の松が手が届きそうな程の近さに眺められた。

入口の戸を格子戸に変え、店内にも手を加えて、一家がここに引き移ったのは、明治四十五年春のことであった。この年の七月、時代は明治から大正へと、その呼称を変えた。

学校は転校せず金曽木小学校に通わせた。義夫と栄子は相変わらず二匹の子猫がじゃれ合うようにして、新しい場所から仲良く連れ立って通うのであった。

小学校を終えた義夫は中学に進み、さらに東京美術学校に進んだ。

栄子は高等小学校を卒業した。女には学問は要らぬという父の方針で、それ以後の学校教育からは解放された。代わって、三味線の稽古に通うことになった。鶯谷の駅に近く、坂本の通りから少し奥まった静かな家並の一角に女師匠の家があった。好きなことであったのと、適性もあったとみえて、めきめきと腕を上げていった。稽古はきびしかった。冬は座蒲団なし、夏は藪蚊の刺すにまかせ、勘よく反応しなければ、たちまち師匠のバチが弟子の手の甲に飛んできた。手の甲にはいつも生傷が絶えなかった。

時代が大正と呼ばれたからといって、急に世の中が変わった訳ではなかった。

日露戦争の戦勝ブームも束の間のこと、公債の負担と軍事費増大による財政難を庶民からの税金で解消しようという政府の方針で、むしろきびしい時代の幕開けとなった。重税は特に花柳界にきびしく、目に余るものであった。そのため、土地、家屋を手離すもの、娘を芸者に売るもの、一家で心中するもの、悲惨な話を聞かぬ日が一日としてないという有様であった。

　大正三年八月、欧州大戦に参加した日本は、赤字国から黒字国に転じ、国際的には列強の一つに数えられまでに成長したが、大正七年に戦争が終わるまでの僅か三年の間に国内の物価は三倍になった。一方に戦争成金が生れ、他方にこれまで以上の生活苦に呻吟する庶民の姿があった。

　大正九年までの間に、米騒動、労働争議、小作争議、初のメーデー、市電ストライキ、株大暴落、銀行とりつけ騒ぎ、株式取引所停止など、景気を反映する数々の事件が続発した。いわゆる「戦後恐慌」といわれるきびしい不景気風が永く居座ることになった。根岸の花柳界は灯が消えたようになってしまった。

　しかし、こうした世の中の動きは、義夫や栄子には関係のないことであった。特に義夫は家の商売はもとより、世の中の景気などには全く関心を示さなかった。それどころか、父母が稼いだ金をいとも無雑作に使ってしまう。友人をひきつれ、吉原で遊び、その勘定は母に払わせるといった具合だ。しかも、コセコセしたところが無く実に大らかに使ってくる。「商人の真似をしないがいい」とこれもきっぷの良い夫は、そんな息子の行動をむしろ喜んでいる風であったが、時には「少しはゼニカネの有難味も教えとくべきだったか」と苦笑することがあった。

　息子が美校の彫金科に進みたいと云いだしたときには正直、亡夫もお条もびっくりしたが、夫の死んだ翌春十五倍の競争率を突破して入学許可をもらったときには、親には理解出来ないその方面の息子の能力、可能性を信じてやるほかなかった。

　その息子も、この春にはもう卒業するはずであった。この先、これまで以上に長い修業期間が待っているのだ。何の地盤もないこの世界に腕一本に全てをかけて認められるようになるには、きびしい前途が待ちうけているのだ。店の経営が左前になったからといって、これまで、息子を退学させて、家の商売を手伝ってもらおうなどとは夢にも思い及んだことはなかった。よしんば、そんな相談を息子にもちかけてみても、全く無駄であったことは彼女が一番良く知っていた。そしてそのように育ててきたことが、むしろお条のささやかな誇りでもあった。何をしても息子を一人前の男にしてやりたい。そのためには自分はどんな苦労にも耐えてみせよう。それがお条の心境だった。

震災に焼け残っただけでも奇蹟といえた。それだけでも大変な幸運と考えなければならない。しかもお条の手助けをするトシと栄子の二人の娘達がいる。少なくとも、息子が美校を出て一人前になるまで、二人の娘が片付くまでは、石にかじりついても、この店を潰してはならない。弱音を吐いてはいられない。お条は今更のようにそう自分にいいきかせるのであった。

「さあ、そろそろ仕込みをしなければ……」

気をとりなおして、流しの桶の中にポンプを押して勢い良く水をくみ込んだ。そうすると、お条の身内に、新しい勇気が湧き上がってくるように感じられてくるのであった。

三、　栄子

関東大地震の翌年、東京の街ははやくもめざましい復興をみせていた。復興というよりは灰の中から全く新しい近代的都市が生れつつあるといった方が適切かもしれない。西郷の銅像の周辺に、ところ狭しと張られていた羅災者の立ち退き先を示す無数の紙片も、大分はがされて、本来の姿にもどりつつあった。

桜の季節を過ぎた公園には殆んど人影が無かった。うららかな春の午前の日射しが、公園の緑の樹々も照らし始めていた。

上野の山は、古来忍ケ岡と呼ばれてきた。ここに幕府を開いた折、この地を賜った藤堂和泉守が、自領伊賀上野（三重県）に似ていると、この地を上野と称し、これがいつか一般の呼び名になったという。またここが江戸城の鬼門に当るということから、その鎮護のために、東照宮と、別院三六坊に及ぶ広大な東叡山寛永寺が建立されたといわれている。

卒業後も、美術学校の研究科に残って海野清先生の下で仕事をつづけている兄に弁当を届けるため、栄子は、鶯谷の駅前から公園に入り、図書館の前まで来た。

「栄子さん。」

はずんだような明るい声がした。声の方を振り向くと若い男が丁度、図書館の玄関からこちらに急ぎ足で近づいてくるところだった。足もとにいた五、六羽のハトがバタバタと飛び立つとぐるりと輪を描いてから図書館の屋根を越えて消えていった。

「あら。杉本さん。お早う。」

こんな時、つい昼まで「お早う」という花柳界の習慣が出てしまう。云ってしまってから、もう「今日は」と云うべきだったかしらと、ふと思い返すうちに彼はもう目の前に立っていた。

「いいところで逢ったなあ。これからどうしようかと、ぼんやりしていたところだったんだ。栄子さんとは一度、ゆっくり話したいと思っていたんだ。僕の頼みが神様に通じたんだ。ほんの少しでいいからつき合ってくれませんか。」

と云った。

この杉本と云う男は、有名な私大を出て、松坂屋に務めている二十五、六才になる男で、日暮里の田園の中に出来たばかりの独身寮に住んでいた。散歩がてら、月に二、三度は客として顔を見せる。実家が余程裕福であるらしく、藝者と一緒のことが時々あった。背が高く、どこかに書生っぽいところが残っていて、栄子も、どちらかと云えば好意を持っていた。

栄子は杉本の申し出に一瞬返事に窮した。お店で冗談に誘われることは毎度のことだったが、ついぞこれまで若い男性と二人きりになったという経験がなかった。

「一寸、待って。家の都合を聞いてみるわ。」

彼だけをそこに待たせると、図書館の中に入り、公衆電話をかけた。

「杉本さん？　杉本さんならいいじゃない。でも手でも握ったりしてきたら、思いっきりぶっておやりよ。」

いつもの調子の姉の声を聞いているうちに気持が落着いてきた。勇気がわいてきた。

棚の側で待っている杉本の所に戻ると

「ゴメンナサイ。駄目ですって。」

と云った。

「ホントですかあ。がっかりだなあ。」

端正な彼の顔にみるみる残念そうな表情が浮かんできた。

「ほんとは大丈夫なの。でも少しだけね。空気はいいし、気分がいいわ。さあ行きましょう。」

といたずらっぽく笑いながら云った。

「栄子さんって、案外、人が悪いなあ。もう少しで本気でがっかりするとこだった。でも、楽しさ百倍だ。さてと、それではまず栄子さんの用事を片付けてしまおう。」

急に生き生きとしてきた杉本をみて、栄子の気持も華やいでくるのだった。

杉本から見ると、栄子はこの世に又とない美人にみえた。何の苦労も知らずに、花柳界の明るく華やかないい面だけを身につけて、育ったように思えるのだ。中肉中背で、少しも痩せていないのに、まず、すっきりみえる姿がいい。島田に結った黒髪に囲まれた顔は、京女を連想させる瓜実顔で、ふっくらとした、なめらかな顎と頬の線をもっていた。黒目がちの生気にあふれた利発そうな目、やさしい切れ長の眼裂。しまった口元にふっくらとした形の良い口唇。えくぼの出来るようなぽっちゃりした、いかにも女らしい、形の良い手足、ほっそりした指の形までが彼の好みだった。しかも、天性のきめの細かい真白な肌は、これまで見てきたどんな藝者の肌とも較べようがなかった。要するに彼にとって彼女は全ての点において気に入っていたのだ。

お店の電灯の下で、キビキビ立ち働く彼女はどこか幼げで愛くるしくみえたが、初めての陽光の下でみる彼女は、はじけるような若々しい肌と、健康でしかも上品な美しさを持つもうすっかり完成された女に見えた。これまでの彼の知らない美しさであった。黄八丈のえり元からのぞく白い肌がひどくまぶしく感じられるのであった。

道は両側を殆んど同じ形をした檻のような塀にはさまれている。重なり合った木立の緑が内部をかくしていた。少し歩くと、全く同じ形をした門が見えてきた。一方の古めかしい門柱に〔東京美術学校〕の文字があった。その門柱の脇に一本の柳の木があり、その枝が風にゆれていた。栄子は守衛の前を通って小使室まで少し急ぎ足で歩いていった。

いつか二人は銀杏の木の繁る動物園の前に出た。今年の始め宮内省から、東京府に管轄が移ったばかりだという。柵の外まで動物の声が聞こえてきた。耳なれない鋭い鳴声はペリカンか鶴のものに違いないと杉本が云った。彼は多くのことを話した。大した興味ももてなかったが、厭という程のことも無かった。東照宮の前にきた時、栄子が立ち止った。大きな石の鳥居の影に、幾本かの八重桜がうす紅く咲きほこっていた。

「まあ、見事な八重桜。お参りして行きませんこと。」

「ああ、そうしましょう。僕はここに入るのは初めてだ。」

二人は石の大鳥居をくぐり石畳の参道に入った。道の両側の桜並木の間に背丈を越える二〇本程の石燈籠が規則正しく並んでいた。本殿に近づくと砂利が一面に敷かれ、参道の両側に人の背の二倍もあろうかという燈篭がそれぞれ二列になって並んでいた。青銅で出来て居り、灯を入れる頭の部分が網目のもの、格子のものなどそれぞれに複雑な技巧がこらされていて、一つとして同じものは無い。胴に奉納した大名の名と、その年月日が記されてあった。殆んどが慶安四年であった。全部で二〇〇本をこえるという。徳川家の永い歴史と、かつての偉大な権盛を示すものであった。ここに来ると栄子は、自然に気持がなごみ、一種の安らぎを感ずるのが常であった。

父は暇を見つけると、幼い栄子を連れて、よく、ここまで散歩にきた。石畳の上に栄子を置いて、すっと消えてしまう。泣き出そうとするとその寸前に「栄ボー」と笑いながら、別の燈篭の影から、ひょっこりと現われてくるのだった。ここに来るたびに、この単純な遊びが何度もくり返されたが、次第につのってくる不安感、心細さと、同じ程度に増してくる確信、安心感とのないまぜになった一種の甘い気持を、その都度同じように味わうのだった。一つづつ燈篭のわきを通りすぎるたびに、そこここの燈篭の影から今にも「栄ボー」と云いながら父の笑顔が現われてくるような錯覚に陥るのだった。不忍の池の見える場所に出ると、必ずといっていい程「栄ボー、お父っつあんのお屋敷は御徒町和泉橋にあったんだ。近くに小笠原様の大きなお屋敷があってなあ……。お父っつあんのところは三河以来の三百石取りの直参の旗本だったんだ。ここで彰義隊の戦いと云うのがあって、その時父さんと、兄さんがここで討死したんだ。お父っつあんの先祖はさむらいだったんだ。栄ボーにはさむらいの血が流れているんだよ。」と何度も聞かせられた。その父の声が高い木立を通る風の音に混ざって、まざまざと聞えてくるような感覚にとらわれるのだった。

　今にして、父がこの上野の山にしばしば足を運んだ理由、その時の父の気持がやっと少し判りかけて来たように思うのだった。丁度、栄子がここで自然に父を感じるように、父も又、失った肉親の肌ざわりを求めていたのではなかったろうか。

四、　三井金右ヱ門

風雲急を告げる慶応四年、ついに徳川幕府は倒れた。十五代将軍慶喜は水戸に謹慎。四月、官軍は、江戸城に入った。

これより先、慶喜護衛、江戸市中警護を役目とする一橋家を中心とした幕臣集団が浅草本願寺で結成された。頭取、渋沢成一郎、副頭取天野八郎。後、上野寛永寺にその屯所を置く。すでに各藩は下屋敷を引きはらい、江戸は無防備状態に近い状態であった。旗本八万駒と云われた幕臣達の殆んど全ては大勢に従った。上野寛永寺に集った同志は僅か二千人であった。義を彰すとして、彰義隊と名のった。この中に三井金右ヱ門がいた。彼は寺社奉行に属し、このとき四十二才。役目柄、寛永寺の守護が最も大事な役目の中の一つであった。たとえいかに恭順の意を表わそうと、官軍はあくまで将軍と静閑院宮（和宮）の首を望んでいると聞いていた。それは大政を奉還した将軍に死をもって報いることであった。

　時代とはいえ、諸大名はもとより、直参の旗本までが次々に徳川家を見離してゆく中で、彼は彼なりの信念に殉ずることが人の道だと思い定めたのであったろう。彼は
「人は侍でなければならない。侍として死ぬるかどうかで、ほんものかどうかがきまるのだ。父はこの乱世の二年の間、ずっと考えてきた。お前達の母上が死んでから、お前達も随分淋しい思いをして来たろう。今の将軍様がそうだ。すべて将軍様が悪いという。逆らえばお天子様にたてつくといって逆賊の汚名をかぶることになる。しかし、いずれが正しいとか正しくないとか、そんなことを論じて何になる。父はお淋しい将軍様を真心こめてお護りする。それが侍の道だと信じている。それだけだ」

　といった。

　兄とまだ元服前の金之助も父と共に死ぬことを誓った。金之助はその時の父の言葉を、いつまでも忘れることはなかった。

五、上野彰義隊

昨夜来の激しい雨をついて、五月十五日朝、長州藩士大村益次郎の指揮する官軍の一斉攻撃が始った。大砲が本郷の高台などから、つぎつぎに撃ち込まれた。砲弾の破裂する音が、いんいんと江戸市中に響き渡った。旧幕軍が気附いたときには、上野の山の周囲は官軍によって、すっかり囲まれてしまっていた。

旧幕軍の四斤砲に対して官軍は十二斤砲を用い、焼弾を含め、狭い目標にふんだんに砲弾をあびせかけた。じわじわと包囲網をせばめた官軍は、小銃を雨のように打ち込みながら、御成門、黒門などに肉迫してきた。そうはさせじと幕軍が門より討って出て、ここかしこに激しい白兵戦が展開される。寄せて来る官軍を抜刀した幕軍が迎え討つ。討死する者があいついだ。

戦の趨勢は時刻の経過とともに、明らかに幕軍に不利になりつつあった。

昼近く、決定的な段階を迎える前に、寛永寺に庇護する重要人物を水戸藩まで逃がすことが焦眉の問題となってきた。すでに、島津屋敷、天王寺は焼け落ち、周辺の民家、寛永寺別院なども猛火に包まれつつあった。煙が周辺を暗くしていた。

逃げ道はただ一つ。厳重な包囲網を一ヶ所だけ開けておくのが官軍の作戦の常道であったが、ここでは、それは「芋坂」であった。この道は水戸に通ずる道でもあった。

金之助は元服前の子供だということで、戦が始まると、すぐ寛永寺本院に庇護されている身分の高い貴婦人の警護というお役目をいただいたが、本院の座敷に座っているだけが仕事の殆んど全てであった。

朝、父が別れるとき、懐から手紙を出して「お前は子供だから死んではならぬ。父と別れることがあったら、この手紙を持って、この宛先を尋ねろ。」といって金之助に手渡した。彼は急に不安になった。彼は座敷に座っていることが出来ず、何度も座敷と戸外との間を往復した。もう一度、父に会いたいと思った。その都度失望した。

にわかに、あわただしくなった戸外の様子に、いたたまれず、外に出てみると、丁度、こちらに近づいてくる父の姿が見えた。

「大事なお方をお送りするお役目がある。お前も一緒にお供するのだ。

もう、この世でお前に会うことはあるまい。そうだ、この刀をやろう。」

真白い着物の胸元に真赤な返り血をあびた父は、しかしいつもの落着いた様子で腰から鞘ごと小刀を抜きとって、彼の方に差し出した。彼は両手に小刀を受けとった。父と一緒に留まりたいと、懇願したが許されなかった。父はこれまで彼が見たこともないような優しい眼で、ほんのひととき、彼を見つめると、

「その刀を父と思え。くじけずに、しっかり生きろよ。」

と云うなり、彼をその場に残し、くるりと背を向けて、今来た方角にもどって行った。たちまち木立の中に左右にたち働く人々の中にまぎれ込んで見えなくなってしまった。追うことが出来なかった。

高貴な婦人、お付きの女中六人、三人の武士と一緒に金之助は芋坂を逃れ出て、三河島字塚本宅まで、無事にたどりつくことが出来た。彼はこの高貴な婦人を和宮と固く信じていた。

ここで、一行を水戸藩の武士に引き継いで、金之助に課せられた役目は終ったことになる。

彼はその足で三輪の手紙の宛先をたずねることにした。夕闇が迫ってきた。上野の森の周辺は、夕闇の中に紅く焼けて明るかった。遠い火の手をみつめながら、彼は歩いた。彼の目には、返り血をあびた父の姿が、何度も現れては消え、消えては現れた。

参道は、緑と朱に塗られた本殿の前で途切れる。手を合わせてから、戻り道を、右手に折れた。この参道にも石燈篭が二列に並んでいた。境内を囲む石垣の先は、急な斜面になっていて、参道は長い石階段に連なっている。階段も二、三段降りると、木立の間から、いつもより水かさを増しているのであろうか、不忍の池の面が、キラキラと光った。急に立止ると、じっとりと汗ばんでくる程の陽気であったが、山下からの風は、心地よく胸元を吹き過ぎて行く。

栄子は視線を正面から、下へ、下から左へと移して行った。官軍が攻め上って来たのは、どの辺りであったのだろうか。重なりあって視界をさえぎっている、木立の間にきらめくのは、抜刀した刃の反射光に見えた。飛び交う小銃弾の風を切る音、砲弾の炸裂音、雄叫けび、怒号、刀と刀とがぶつかり合う音、そんな戦場の音が重なり合って、栄子の耳の奥に、はっきりと聞こえてくるのであった。

「栄子さん。どうかしたの。ずっと黙りこくって……。何を思い出しているんですか?」

その声に吾にかえった。

「あら、ごめんなさい。ちょっと物思いにふけっていたの。御先祖様と、お話ししていたのよ。」


最近の栄子は、討死した祖父、父の兄の無念さが判るような気がして、事の理否はともかく、薩長という言葉さえも好きになれない。逆に徳川というだけで、たいていのことは許してしまうようなところがあった。まして、家康を祭っているこの東照宮に対しては、赤子のように素直な崇敬の念を抱いていた。

「杉本さんのお故郷はどこだったかしら。」

「あれ、覚えていてくれてないんですか。静岡ですよ。」

「そう、そう。この前もお店で聞いたばかりだったわね。よかった。」

「変だなあ、栄子さんって人は。」

「少し寒くなってきたかしら。」

いつか日は頭上にあった。杉本の腕時計をのぞくと、一時を回っていた。栄子は階段を上り、ゆっくりとした足どりで、もとの通りの方に引き返した。

父の死後、栄子の中にも流れているはずの侍の魂というようなものを、暗闇の中に目をこらすように、じっとみつめることが多くなっていた。栄子には、それは精神の高潔といったものに思われるのであった。

少年であった息子だけは助けようとした祖父の人間としての優しさ、公人と私人との間で生じた葛藤、悩み、苦しみ、一人残された父が成人するまでに味わったであろう悲哀、孤独感。そんなものさえ、しばしば、彼女の思考の対象になるのであった。

戦火にも、震災にも焼け残った五重塔に、東照宮の境内から手を合わせると、栄子は、墓参りをすませたときのような、すっきりした気分になることが出来た。

二人は広小路に出て、跡形なく焼けくずれ、やっと再建にとりかかったばかりの上野駅の工事場の前を通って、市電の停留所へと歩いていった。

二　江戸日本橋

一、新太郎

昨夜客の接待で遅くまで飲んでいたわりには朝の寝起きは悪くなかった。下宿の二階の窓を開けると、広い展望が一気にひらけ、武蔵野の面影を宿す雑木林の向うに富士がくっきりみえた。さわやかな五月の朝の空気を胸一杯に吸い込むと、身体に残っていた酒精分が一気に霧散してゆくように感じられた。

編集や校正に疲れた頭を冷やすのには、江東橋の脇の「水上ベルト」の二階の事務所よりはよほど環境が良いといえた。少なくとも澄んだ空気と、すぐ目の前に見える富士の姿だけは、かけがえのないものに思われた。しかし、ここに引越してきた当初は、交通の便の悪さもさることながら、一度下宿に帰りついてしまえば、ただ食事をして寝るだけという味気なさに耐えるのが苦痛だった。一歩外に出れば家の周りは真暗で、通りまでてても民家の灯りが点々とわびしげについているだけであった。足元の田園から、蛙の鳴声の合唱を聞いた。一寸街の灯りを求めたいと思っても一番近い駅前に出るのに、暗い夜道を三十分歩かなければならない。これではまるきりの田舎ではないか。東京生れの東京育ち、生粋の江戸っ子がこんなところで不便を忍ぶ理由はない。市内であれば、夜の時間をもっと有効に華やかに使うことが出来たのにと思うとここに来て暫らくの間はどこか、見知らぬ田舎の家に泊りに来ているような感じで、中々、馴れることが出来なかった。住めば都、近頃、ここが気に入り始めている自分に気付いて、吾ながら驚くことがある。

何の予定もないので久し振りに新宿のムーランルージュのレビューか、武蔵野館の米国映画でも見に行くつもりになって、洋服に着替えると、毎朝出勤途中に横切る単線の路面電車に乗ってみようと思いついて、彼は、さわやかな朝の空気の中を下宿の近くにある〔蚕糸試験場前〕という停留所までやってきた。日曜日でないと、こういう試みは出来ない。

新宿には荻窪と新宿を結ぶこの路面電車の他に、近頃、小田急、京王帝都などという電鉄会社がつぎつぎに乗り入れるようになって急に大きな変貌を見せるようになっていた。

つい数年前までは、とくに特徴のない駅舎の前に、山歩きの帰り道などに何度か友人と立ち寄ったことのある藁葺きの団子屋があった。それがいつの間にか壊されて、「二幸」という食料品店に変ってしまった。

飯田橋から甲信越に旅する列車の窓から眺めたかつての新宿駅も、大正十四年十月には大きな駅舎となって生れ変った。時も同じくしてその駅前には一千坪の三越を始め、多数のビルが建てられた。武蔵野館を始め、映画の封切館も増え、いまや、浅草をしのぐ盛り場となりつつあった。乗降客も飛躍的に増大した。三越には一日五万から八万人の客が入るという。一躍東京の副都心になりつつあるのは誰の目にも明らかであった。

中央線なら、中野駅から新宿まで十分で着く。丁度そのくらいの時間を停留所で待っていると、やっとクリーム色の旧式な木造の電車が、左右にゆれながら近づいて来た。止まるのを待ちかねたように勢いこんで乗りこむと車内は空いていて、どこにでも好きなところに座ることが出来た。鳥打ち帽をかぶった丁稚、木綿の工員服を来た若者、着物姿の娘、富山の薬売りらしい四角い荷を背負った前掛をつけた男、ハッピを着た職人らしい男、一目でそれとわかる農家のオバアさんなどが所在なげに座っていた。新太郎の目にはそれらの人々の表情さえ、どこか野暮くさく見えるのだった。

車掌が近づいてきた。新宿まで片道三銭だといった。彼に切符を渡すと車掌はそのまま彼の前を通りすぎて車の前まで行き、運転手に声をかけた。二人は車を降りた。あらためて、昇降台に腰を下ろすと腰からキセルを取り出し火を点け、いかにも旨そうに一服し始めた。田舎なまりの大声で楽しそうに何事か話をしている。きざみ煙草の煙が車の窓から流れ込んできて、新太郎の鼻腔をきつく刺激した。

こんなことは、生き馬の目を抜くと云われる東京市中を走る市電では想像も出来ないことであった。彼はとても通勤などに信用して使える線ではないと思った。

「震災さえなくて、あのまま下町での生活がつづいていたら、俺の人生は今とはまるで違っていただろう。」

彼は不愉快な気分を拂いのけるように、強いて楽しかった下町の思い出をたぐりよせるのであった。

二、 小伝馬町

表通りに面して建てられた、がっちりした二階屋。紺の暖簾。表口から中に入ると一間程の土間、それに続く頑丈な欅の框。広い畳敷の座敷。左手に机。その上に、黒塗りの硯箱、厚い大福帳と算盤。机の前に座っている父。右手に座っている数人の職人。やや薄暗い一階の座敷を通って、奥から二階への階段を昇り、そこだけがパッと明るい表通りに面した二階の窓辺に直行する。

窓を開けると、目の下に市電の電車通り。左手前方に、村雲様、鬼子母神様、弘法様、日蓮様と四つの神社仏閣に囲まれた広い境内をもつ刑場ケ原。子供達の広場だったかつての小伝馬町牢屋跡。

肝だめしをした首塚。

遊び仲間の幼い顔。毎日通った十恩小学校。男組六十二名の誰彼の顔。

かたつむりのように二本の触角に似たパンタグラフを出す市電。

青島陥落記念のときの花電車。

珍しい形をしたボギー車。

夏休み、毎日市電で鈴ヶ森海岸まで通って教えられた水泳。水泳だけは誰よりも巧くなった。確か電車賃は七銭だった。

露地の入り口にあった駄菓子屋。棚の上に並んだメンコ、ビー玉。ニッキ。桶の中のラムネ。正月のタコ、コマ、ハゴイタ。

三越のショーウインドウ。

江戸市中に冬の到来を一番早く知らせるというベッタラ市。靖国神社の祭祀にもひけをとらない見世物小屋の数々、甘酸っぱい麹の匂い。五万人の人出の賑い。

会社の先輩につれられて行った、玄治店に近い末広という色物の寄席。帰りに寄ったあのお富が仲居をしていたという囲屋。帝劇地下の浜田屋。

浅草六区の映画街雷門の三定というてんぷら屋。仁丹塔。

良く徘徊した人形町周辺。

業界の野球のリーグ戦。新聞にも名がのる有名な剛速球投手から、奪った二塁打。死ぬ思いをしたゴロの股間直撃。

ひとつきっかけをつくると、すっかり忘れていた過去の情景が、しりとりをしているかのようにつぎつぎと脈略なく思い出されてきた。失われてしまったものに対する哀惜の情は、しかし、彼の気分を反って、滅入らせてしまった。彼に云わせると、全ての原因は、あの地震にあるのであった。

三、 関東大震災

大正十二年九月一日、東京市内は朝のうち、激しいにわか雨に見舞われたが、昼前にはすっかり晴れ上がり、正午近くには、いつものように初秋の強い日射しが照りつけていた。

昼食までに、少し半端な時間の出来た新太郎は、三階の図書室で、昼食後に読む雑誌を選ぶべく、あれこれ手にとって、パラパラと頁をくっていた。突然、ゴーッという耳慣れない音を聞いた。そのとたんに、ググーッと床が上下左右に激しくゆれ動いた。

「地震だ！」と気付く間もなく、電灯が消え、本棚の上の雑誌、本が床に落ちた。どこかでガラスの割れる音がした。思わずしゃがみ込んだ。実際には二分程の長さであったがひどく長い時間に思われた。震動がおさまるのを待って階段を駆けおり他の社員と共に外に出た。

不安そうな表情の人々で、通りは一杯になった。再び大きな余震が襲ってきた。その合い間に必要な荷物を運び出すなど無我夢中で動いた。ふと吾をとりもどしたとき、彼は突然、自分の生家のことが気に懸った。反射的にすぐ小伝馬町まで行ってみようと決めた。その方角に向って歩き始めると間もなく、再び、ゴーッという地響きがしてきた。誰かが、「来たぞ！」と叫ぶと、たちまち大地がはげしくゆれて、通りに面した家々がガタガタと鳴った。目まいがするようで、立っているのがむずかしい程であった。振り返ってみると、新太郎の会社のコンクリート造りのビルも、隣の倉庫も、まるで波間にただよう小舟のように、上下にゆられているのが見えた。

　時間がたつにつれて通りは人と荷物で一杯になっていった。人の流れにさからって進むのが困難になってきた。あちこちで、煙が立ち上るのが見えた。それは火事が起きたことを物語るものであった。逃げてくる人々、大八車の流れは次第に大きくなり、遂に新太郎はその流れにまぎれ、小伝馬町とは逆の方向に歩かざるを得なくなった。

　神田本町のあたりに上った火の手は、二時頃、日比谷、神保町、水道橋へ、三時頃には、有楽町、数寄屋橋へと徐々に広がりつつあった。逃げる人の群は更に大きくふくれ上った。

煙のためか、雲が低くたれ込めて、あたりは夕方のように暗くなった。雨さえポツポツと落ちて来た。

人々と共に着いたところは宮城前広場であった

午後4時前、真暗な空の中に太陽がまん丸く真赤に見えた。丁度、日食を、黒くすすを塗ったガラスごしにのぞく様な一種不気味な雰囲気があった。

火は風速十米の南風にあおられ、ますます火勢を強めた。京橋、本所淀川、浅草を総なめにし、さらに、本郷、麹町、赤坂、麻布の一部へと燃え広がった。この火は、九月三日未明まで燃え続けた。燃えさかる東京の街を見、余震におびえながら、一晩をそこに過ごした。

夜が明けると彼はじっとしていることが出来なかった。ときどき余震が襲ってくる中を、小伝馬町まで出かけていった。たどりついて彼がそこに見たものは、余燼くすぶる一面の焼野原であった。ガレキの山の中に、かろうじて外隔の原形だけを残して、建っているのは、かの三越のみであった。

家族の安否も判らなかった。念のため小舟町に寄ってみたが、やはり会社も跡形なく破壊されていた。彼は暫らくの間、茫然として一面に広がるガレキの山を、見つめるばかりだった。

とりあえず社員は二〇〇坪の半分だけ焼け残った九段下にある社長の別邸に移り住んで、会社の再建を図ることになった。

案じていた、彼の実家の家族は、全員無事であった。早速、小伝馬町の焼け跡にバラックが建てられ、再建へと動き始めた。

死傷者十五万人、罹災者三百四十万人、損害は日露戦争に要した戦費の二倍以上に及んだなどということがやがて知れた。


彼は同人雑誌に手を貸していたが、その編集室を失ったことと、新しい別邸での生活が気づまりだったこともあって、年老いて一人住いをしていた堀の内の伯母の家の二階に転がり込んだ。

それも機として、間もなく彼は職場をS（盛林堂）書房という教科書出版社に移し、大学も、うやむやの中に辞めてしまった。M貿易（むかでや貿易株式会社）の三階図書室が彼に文学への興味を呼び起こし、それが彼の生活の針路を変えてしまったといえるかも知れない。地震は、その変換の時期を早めるきっかけとなったに過ぎなかった。商家の長男が、畑違いの同人雑誌などというものに手を借すようになり、サラリーマンになってしまうまでには、それなりの必然があったのだといえるだろう。

四、越中柿沢村

戦国の昔、越後高田城主上杉謙信の侵攻にそなえて、富山城主佐々成政は、富山市から東北に一粁、毎月十五日に市がたって賑わったという上市の近くの一村に出城を築いた。ここが、高田からの進入路に当っていたからだ。この村に入る峠をザラ峠と呼ぶが、古くは佐々峠と呼んだ。この小さな城下町の性格をもった村を柿沢村という。

この村に越前匠常広という十三代にわたる刀鍛冶があった。七人の子女の末っ子で三男、名を常六という息子が十四才のとき、信州塩尻に紙問屋を営む叔父を頼って、鉛色の雲、雪、氷雨の降る暗く貧しい故郷を捨てた。大塩平八郎の乱のあった天保八年（一八三七）四月のことであった。

塩尻で二年を過ごしたが、飽き足らず、江戸日本橋鉄炮町つづら屋初五郎を紹介されて、ここに奉公に入った。修業十年、有名な小伝馬町の牢屋前に念願の店を持つことが出来た。嘉永三年卯月（一八五〇、四月）、彼が二十七才のときであった。浦賀に黒船がやってきたのは嘉永六年、この頃から、世はようやく太平の夢から醒めようとしていた。

　彼の店は繁盛した。職人二十人以上を抱えるようになった。安政三年、三十三才のとき、神田岩本町の油屋から、嫁を迎えた。名を「うめ」といい、十八才であった。

安政五年、いわゆる安政の大獄が起きた。この前年、長男が生まれ、「友七」と名づけた。桜田門外の変、生麦事件など騒然とした幕末を経て、時代は明治となった。友七は成人し結婚し、長男が生れた。友三と名づけた。

　江戸が東京と呼ばれるようになったからといって、全てが急速に変わった訳ではなかった。特につづらの需要には殆んど影響はなかった。西南の後（明治十年）など旧世代との葛藤、新世代内の整理などに時間を要し、本格的な近代国家への変貌をとげるのは十年代後半に入ってからであった。

　しかし、町の変貌はそれより早く、明治九年には市内に鉄道馬車が走り、銀座にはガス燈が立ち、レンガ造りのモダンな街が出現した。新橋から京橋まで洋風の三井銀行、木村屋パン店、洋書の十字屋、洋食の三河屋など舶来文化を思わせる店舗が建ち並んだ。

明治十八年、大政官政府に代る内閣制度設立を皮切りに明治二十二年、憲法発布、国会開設など、維新以来の懸案が次々に実現され、急速な産業革命の発展とともに、欧米列強に追いつくための、国づくりが着々とすすめられた。

友三が成人するのを待ちかねていたように、明治二十六年、常七は未だ四十才になるかならぬかの友七を隠居させ、この孫に家督をつがせた。初代から見ると息子の友七は親の血の出るような修業時代の苦労も、金の有難味も知らず、ただ遊ぶことだけを覚えた頼りない二代目の放蕩息子に思われるのであった。彼が店を危うくするのを怖れた。

彼に較べると孫の友三は利発で、真面目、忍耐力もあり、人柄も優しく好ましく見えた。

彼が家督をゆずりうけた翌二十七年八月、吾国と清国との抗争はついに日清戦争となって爆発した。初の対外戦の勝利に喜んだのも束の間、三国干渉をうけ、吾国の国力不足を痛感させることになった。これが後の国づくり、更には日露戦争へと吾国を導く導火線となる。翌明治二十八年四月講和が成立する頃、取り引き先の越後屋は三井呉服店という百貨店に衣替えをした。彼の店も間口三間の堂々たる二階屋と、別に二棟の倉を持つ名実ともに東京一の店に成長していた。友三は苗字をかの村から、名を初代の常七からとり、柿沢常次郎と改名した。

明治三十四年十月、彼は名家といわれた八尾家に属する八尾弥之助長女「律（りつ）」を娶（めと）った。律は父が酒問屋をまかされていた関係からその醸造元の小西醸造に女中に入り行儀見習いをしていた。岩本町に住む金子という伯母の仲人で常次郎のもとに嫁いだのであった。ときに律は、十九才。

律は、二十数人の使用人の賄、小僧の身の回りの世話など店の中の仕事を、女中に指図しながら先頭に立って切り回した。祖父、舅、夫と三代に仕えたことになるが、祖父は嫁を可愛がりかばうことはあっても、彼女の負担になることは無かった。夫には気弱な面があり、多少頼りないように思われたが、勤勉、真面目、慎しみ、正直、倹約などを美徳とする古い町人の徳性を有し、なによりも彼女には優しく、総じて、彼女にとっては理想的な伴侶であるように思われた。ただ舅の友七は、己の立場に対するうっぷんをはらそうとするものか物見遊山や酒に店の金を浪費した。若い律にとって、舅の扱いだけは苦痛を伴うものであった。

夫にとってもそれは中々困難なことであった。一人、祖父のみが彼の行動を抑えることが出来た。

明治三十六年四月、常六は八十三才でこの世を去った。生前から交際のあった、永代橋きわにある真宗 国連寺に葬った。同じ年、十月二十一日、この夫婦に待望の長男が産れた。新太郎と名付けた。

この年、東京市内には市電が、池袋—田端間には山手線が開通した。

翌三十七年春、三井呉服店は三越呉服店と改称、間口二十四間、近代的なショーウィンドウを持った三階建、十五百坪の堂々たるビルに変身した。しかし、この頃から、新太郎の生家には、少しづつ暗い影がさし始めていた。初代が亡くなってから、舅の遊蕩、飲酒癖が増々興じていった。それは、みるみる店の貯えを減らしていったのであった。

翌三十八年二月、日露戦争勃発。同年九月、講和条約調印、日比谷で焼打ち事件が起きたりしたが、ともかく大国ロシヤに勝つには勝った。国民が戦勝気分に酔っているうちに、そのつけは重税となって、庶民の上にのしかかってきた。

彼の生家の経営も次第に苦しくなっていった。つづらそのものの需要にも、生活様式の変化に伴いようやく、変化が現われ始めていた。

新太郎の誕生の後、相ついで男三人、女一人が生れた。次男を弘次郎、三男を謙三、四男を善四郎、長女を華子と名づけた。彼等は、しかし、比較的には、まだ裕福な環境の中に置かれていたといえる。職人や女中に、主人の子供ということでかしづかれ、それもごくあたり前のこととして、何の疑問を抱くことなく謂ゆる乳母日傘の甘い庇護のもとに育っていった。

五、　十恩小学校

明治四十三年、新太郎は十恩小学校に入学した。翌年七月、明治天皇崩御。世は大正となった。彼が五年生のとき、第一次世界大戦が始り、十一月、青島陥落を祝う花電車が店の前を通った。世の中は、これまでとどこか違って浮かれてみえた。それは、世の中がようやく重い明治という時代から解き放たれて、西欧のような明るい雰囲気を持った未来を予感させる時期にあたっていたのかも知れない。しかし、彼が小学校を卒業する頃、彼の実家は、彼の中学進学を許す程の余力をさえ、すでに失っていた。一握りの特権階級を除けば、それ以外は全て庶民であり、彼の家もまた庶民であったということに過ぎない。

「左前になりかけたこの店を盛り返す力も意欲もない。第一、僕は店の商売が好きではない。家督は次弟にゆずって家を出よう。」

小学校を卒業すると彼は父の推めるままに、生家からそう遠くない同じ日本橋の小舟町にあるM貿易に奉公に出ることになった。彼には、彼の生家程の店であっても、譲られた資産を守り、かつ、事業を継続して行くという一見容易に見える仕事が実は中々難しいのだということを、それまでの見聞の中から承知していた。弟の弘次郎なら、それをやれるだろうと思った。

M貿易では彼に夜学の中学に通わせてくれるという条件がついていた。彼にとっては、もうそれだけで満足に思え、少しの不安と、大いなる希望を抱いて新しい世界に飛び出すことにしたのだった。

六、　Ｍ貿易

Ｍ貿易会社は、小舟町に鉄筋三階建ての本社ビルを持っていた。このビルの他に、入くんだ堀割沿いの堀江町に三つ、小舟町に七つの倉庫を持ち、馬車十台、荷車も引く車力十人、店員五十人程をかかえる比較的こじんまりした中堅どころの砂糖問屋であった。キューバ、ルソン等から原糖を仕入れ、これを全国の問屋に送るのが主な仕事であった。

横浜辺りの停泊する汽船に百屯程の伝馬舟を横付けにして、これに原糖を積み込み、堀割を通って倉庫に運び込む。倉庫で小さく区分けした荷物を更に馬車、あるいは大八車で秋葉原駅、錦糸町駅、飯田橋駅まで運び、東北、千葉、甲信越方面の砂糖問屋へと送り込むのである。その他に、Ｄ製糖（大日本製糖）、Ｎ製糖（日東製糖）などの大企業の製品をも取り扱っていた。

社長は小林弥太郎といって若くして米国に留学、カリフォルニア大学を卒業し、新しい考えと理想をもって帰国し、欧州大戦前にこの企業をおこした人であった。

店員全員洋服を着用させられた。その代金一着分が八十円、平均的官吏の月給の約二倍であった。靴一足十円。最も新しい三越の店員の服装でさえタテジマの木綿の着物に前かけであった。一般の企業問屋などでは殆んど明治の頃と変わっていなかった。

勤務についても米国風で、盆と正月と年二回が常識であった日本の休みの習慣は無視され、毎日曜が休日として与えられた。

出納、営業、帳簿、倉庫などの職種や記帳など、文書などに英語を用いることが多かったがこれは社長が最も得意とするところであった。

野球部を作り、Ｄ製糖、三井物産などで作る業界リーグに所属させ、店員に練習を推めて、春秋、定例の業界リーグ戦に参加させていた。

毎日曜、名士、例えば英国宣教師アームストロング、救世軍中将山室軍平などを会社の講堂に招いて、店員に半ば強制的に講話を聞かせる。毎水曜、午後には本郷三丁目、メソジスト教会で、西洋音楽のコンサートを聞く。ビゼー、モーツァルトなどの美しい旋律が教会の中を流れた。西洋音楽がいかにすばらしいものであるか、そのポイントを音楽学校の先生が噛んで含めるように聴衆である社員に解説してくれた。

本社三階に図書室があった。マルクス、ベルグソン、ガブエルマルセルなどの哲学書、ゲーテ、ツルゲーネフ、チェホフなどの文学書、仕事とは全く関係のない「改造」、「中央公論」などの教養雑誌がキチンと書棚に並べられており、何時でも好きな時に本を借りて読むことが出来た。

生まれて初めて生家を離れ寮に入れられた新太郎の新しい生活は、この様な環境の中で始った。

配送の大八車について外に出る。九段坂のような市内の急坂の下には、重い荷物の後押しをして、なにがしかの日銭にありつく、「立ちん坊」と呼ばれるうらぶれた一群の男達が居た。新太郎は車の後押しをしながら、自分の置かれた立場を省みて、いつも有難く思うのだった。

出納係の手伝い、伝票の整理など覚えなければならない仕事が次から次へと与えられた。

夕方、仕事から解放されると、そそくさと寮の食事をすまし、蛎殻町にある東京市立商業学校へ通う。

生徒は兜町の證券屋の番頭、店員、商家の長男など、さまざまな職業を持ち年令も多様であった。彼等の中で背広にネクタイ姿というのは、先生を除けば彼一人だった。小使いは紺のハッピ、生徒の殆んどが木綿の着物を着ていた。袴をはくものもあった。入学早々、鉄道省の給仕をしている上田という生徒と仲良くなった。

日曜の午前中は例の会社の講演、午後は野球の練習が待っていた。

彼は暇さえあれば図書室で本を読んだ。かつてこれまで学問が好きだというような自覚をもったことのなかった彼にしては不思議な変化といえるかも知れない。ともかく彼は手当り次第に本を読んだ。やがて、川端康成、宇野浩二などが描いてみせる純文学の世界、そんなものにぐんぐんと惹かれて行った。文学こそ最も意義あるものの如くに思えるのだった。ぼろぼろになって、朽ち果てようと、何の報酬も受けなくてもいい、いつか、自分の人生の目的をしっかりと掴んでみたい。そして、それを人に知らしめるのだ。そんな風に考えるとき、湧き上がるような興奮を覚えるのだった。彼は心に浮かんでくるものを雑用紙などに書きとめる習慣を身につけ始めた。

こうした忙しい毎日は、しかし、彼にとって、少しも苦にならなかった。毎日が充実していた。学校で習う授業も、少しづつ見えなかった目が開かれてゆく思いがして、興味深く受けることが出来た。彼は真面目に、一生懸命にその日その日を過ごしていた。

ハンで押した様な一日一日、そして一週間の繰り返しであったが、時にそのリズムが狂うことがあった。新太郎には、会社から与えられる仕事の他に、社長の家族の仕事を仰せつかることが、ときどきあったからだ。

　本社の敷地の中に、本社とは別に社長の家族の住む別棟があり、社長夫人、娘が外出する際には、そのお供として彼が指名された。明治座、歌舞伎座などの観劇、三越への買物などであった。芝居見物は彼に全てのものを忘れさせてくれた。役者の所作、セリフ、その間、見得の切り方、更には芝居の筋書き。文学とは違って、視覚に訴える、限られた時間の中に人間のさまざまな運命を、強烈に見せてくれる。誰よりも深く芝居のおもしろさに引き込まれたのは、あるいは彼であったかも知れない。彼は生き生きとした眼で舞台を凝視するのだった。

　もう一つの仕事は、別邸へ連絡に行くことであった。この別邸というのは下谷金杉に社長が所有する五百坪程の見事な日本庭園をもつ寮で、こちらは主に客の接待などに使っていた。時に家族で使うようなこともあり、電話だけでは用の足りないことがあって、その都度、人が往復する必要があった。この用事をいいつかるたびに新太郎は喜こんだ。茅場町から蛎殻町で乗り換え、金杉まで行く市電の窓から、ほんの短い時間ではあったが電車が小伝馬町の停留所に止っている間は、自分の目で生家を眺めることが出来たからだ。降りる訳にはゆかなかった。変わらぬ生家をみるだけで、家族が平穏に過ごしていることが信じられた。他の同僚に較べて、それがどれ程恵まれたことであるのかを彼は充分承知していた。だから市電が生家の脇を通るということはいつまでも彼だけの秘密であった。

二度目の冬休みが近づいてきたある日、鉄道省の給仕の上田が突然、亡くなった。新太郎は親しい級友の死に激しい衝撃を受けた。死は若者とは無縁のずっと先のことである筈であった。真面目で成績が良く、頑健そうな体をもったあの色の白い上田が死んでしまった。その死を俄には信ずることが出来なかった。本所高橋の生家に焼香に行った彼は、そこで上田の父が息子の死を少しも悲しむ様子を見せずに酒を飲んでいる姿を見て、激しい違和感を覚えた。彼は早々に退出したが、その時聞いた葬式には場違いな陽気なウチワ太鼓の音が耳の奥からいつまでも聞こえてくるのであった。

入社三年、会社にも学校にも馴れた頃、彼は倉庫係に回された。社長の家族は渋谷の邸に引き移り、金杉の別邸は社長のキリスト教精神によって慈善団体に寄附され、家族のお供と金杉の別邸行きの仕事は無くなった。忙しい毎日であったが、彼は暇を見つけると三階の図書室に入り、手当り次第に本を読んだ。

第一次大戦が終り世は戦後大恐慌といわれる不景気に見舞われたが、彼の会社はその割ではなかった。

大正十年、中学を卒業すると中央大学経済専門部の夜間部に進んだ。会社での仕事は倉庫から営業に廻り地方に出張することがあるようになった。

この年に投稿した彼の詩のようなものが、ある同人誌に載った。その「しこぐさ」という同人誌は偶然大学の先輩にあたる鵜飼という男が責任者となって編集していた。彼は横浜毎日新聞の記者であり、かつ岡本綺堂の三十人の弟子の中の一人であった。新聞の連載小説まで書いたことのある、書くことに情熱と実力とをもった男であった。詩の投稿が契機となって、彼はこの雑誌の出版を手伝うことになった。鵜飼に会ったとき、その人柄に魅入られもしたのだ。

「三田文学」「白樺」など主に大学を中心にした同人誌が盛んに活動していた。「しこぐさ」は一般の学生、サラリーマンが参加出来る雑誌として発足した。新太郎がこの雑誌に係わったとき、会員数は約三百、会費は月一円であった。月に一回雑誌を発行する他に、年に一、二度、本所周辺のクラブを借り切って、会員を一堂に集めて、脚本の朗読、講演会などを催すようなこともした。

　この年の夏の集会で、彼は早速、有島武郎の「ドモ又の死」のドモ又を朗読することになった。七月八日日曜日の午後、会場になったクラブの控室で、出番までの間を利用して、相手役の野村銀行の交換嬢と読み合わせの練習に励んでいた。鵜飼が入ってきた。彼は折りたたんだままの新聞を新太郎に向けてさし出した。「有島武郎氏心中」の見出しの文字が目に飛び込んできた。偶然の符号に思えた。尊敬する武郎の死！

「軽井沢の別荘階下の応接室で縊死……」彼はくい入るように記事を読みながら、この瞬間を忘れることはないだろうと思った。

　雑誌の編集の本拠は会員の親が経営する江東橋脇にある「水上ベルト」という会社の二階の一部屋で行なわれた。鵜飼、山上、材木屋の倅、それに新太郎の四人で殆んど全ての仕事を片づけなければならなかった。ここでは、印刷を引き受けてくれているＳ書房（盛林堂）に出入りすることが新太郎の主な役割となった。

　彼は「しこぐさ」を育て、己の才能もその成長とともに育てるつもりでいた。彼は熱心に雑用を引き受けた。会社の出張命令で東京を留守にすることが多くなりそれだけ学校には行かない日が多くなっていった。

弟の善四郎が死んだ。続いて祖父が死んだ。妹の華子は内藤家に嫁いだ。

身辺の変動から、彼が普段の生活をとりもどした時、突然、あの地震がやってきた。

江東橋の水上ベルトも、S書房も焼けてしまった。新太郎が転がり込んだ堀の内の叔母の家の二階が新しい「しこぐさ」の編集室となった。もっとも当分の間、印刷が出来ぬまま原稿整理だけが仕事であった。

地震の翌年の春、再建なったS書房に転職することにした。将来、文筆で立つ希望があるからには畑違いの貿易会社より、出版社の方が良いという鵜飼の推めがあり彼自身も考えた末の決心であった。永く面倒をみてもらい、学校に通わせてもらったM貿易ではあったが、所詮、貿易会社は営利を目的とする以外の機能を持っていない。青春の思い出が一杯つまっている場所ではあったが、彼の中に一生を捧げ切ってしまうのに躊躇するものがあった。文筆を選んで、それで朽ち果てるなら決して後悔はしないという気負いもあった。

S書房は神田本町にあり、間口四間、三階建て、延べ百坪程の新しいビルを有し、主に中学校の各種教科書を作っていた。

社長始め幹部にはクリスチャンが多く、部外から出入りしていた彼でさえ、社内の空気にどこか暖かいものを感じていた。ここも企業には違いないが、利潤追求のみに全精力を傾けるといったような切迫感は無かった。理想を実現させようという同志の集まりのような、どこか清潔な雰囲気があった。社員は事務員などを入れて僅かに十五名。いかにも小世帯であった。個人経営らしく日曜も隔週でないと休めなかった。

校正、編集、原稿依頼などの仕事も、いざ毎日の職業となると中々根気の要る地味な仕事であった。翌十四年営業に回され、営業部長の肩書きをもらった。私立専門学校卒と帝大卒との月給の差は官庁で二倍の開きがあった。彼は帝大卒の初任給と同じ八十円を支給されていた。

年の中の半分は旅で過ごす必要があった。

北は北海道、南は九州まで、あらゆる地方に教科書を売り込むために出掛けて行った。彼にとって、海、山、街、林、人、生活、新しく目や耳に触れる風物は全て、書くための教材になった。旅館でも車中でも書いた。帰京したとき、それを鵜飼に見せ、直してもらうのである。退屈するということが無かった。

会社に居るときは注文の区分け、荷物の発送、伝票整理を行う他、カラフト、朝鮮など遠隔地方への通信販売の全ての業務をまかされていたので、中々忙しかった。ビルの一階が事務所、二階が倉庫になっており、二階は幾段にも分れた棚に各種の教科書が分類されて、ぎっしりと積み上げられていた。彼は伝票を片手に一階と二階の間を何度も往復するのであった。その他、原稿依頼、執筆者や中学校教師の接待も仕事のうちであった。いつか、待合で飲む酒の味も覚えていった。

　こうした生活の中で、暇を見つけて「しこぐさ」を手伝った。このところ急に「しこぐさ」の原稿の下見などを手伝う日が多くなっていた。三十才の誕生日を迎えたばかりの鵜飼がこの秋から急に体の調子をくずし、元気を失ってしまったからだ。彼には鵜飼の身体の変調が心配でならなかった。新聞記者という定職をもち、かたわらは好きな文学をやっている精力的なこの鵜飼という男がいなかったら、「しこぐさ」は一日として存在していなかったに違いない。彼は「正宗白鳥」を尊敬し、いつか一流の小説家になることを夢みていた。

　師走に入ったある日、会社の帰りに初めて彼の下宿を訪ねた。入谷鬼子母神近くの狭い露地のつきあたりの仕舞屋が彼の下宿だった。一階には、三味線を教える彼の姉とその夫が住んで居た。二階に上って行くと彼は十ワット程の暗い裸電球の光のもと、粗末な蒲団にくるまって寝ていた。枕元に書きかけの原稿用紙が置かれている古ほけた机があった。火の気はなかった。部屋の様子は彼の意外な程の生活の貧しさを物語っていた。

彼は足もとのフトンをはいで、むくんだ足を出してみせた。

「自分が死んだら雑誌は君にひきついでもらいたい。」

と云った。

「M貿易をやめさせて、S書房に世話したことを許してくれ。」

とも云った。新太郎はS書房に移ったことを本心から喜んでいると答えた。鵜飼は涙をうかべて、新太郎の手を握った。どうか死なないで欲しいと心の中で真剣に祈った。彼に出来ることといえばそんなことしかなかったのだ。

鵜飼を見舞って間もなく、大正天皇が崩御され年号は昭和と名づけられた。僅か五日間の昭和元年が明けると年号ばかりは、早くも昭和二年となった。鵜飼の病状が一進一退する間にいつか初夏の季節がめぐってきていた。


車掌が彼の前を横切ったのに気付いて、運転席の方をみやると、運転手が、後姿をみせて、運転台の前に立つところだった。運転席前面のガラス窓の中に、こちらに向ってくる電車が見えた。それは徐々に大きくなって、近づいてきた。やがてガタガタと路面をひびかせながら線路に入り、新太郎の乗っている電車と触れるばかりの間隔で並んだ。車はやっと、ガタガタガタガタと身震いしながら動き出した。

七、　S書房

事務所を出ようとしたとき、新太郎に名指しの電話が入った。童謡作家のMから原稿料の前借りの依頼であった。こちらにも他に依頼する用件もあったので即座に、中州の「高砂」で会う約束をした。経理で少しまとまった金額を受けとり、橙色に暮れ始めた街に出た。本町から、今川橋まで歩くうちに、暮色が次第に濃くなっていった。細いタイヤの箱形の円タクが来た。

車を降りると、そこにはオフィス街とは異質の、華やかな灯と、色街特有のさざめきがあった。清州橋が工事中で、水面に反射する灯で、水中から屹立する出来かけの橋げたの輪郭がぼんやりと見えた。夜のとばりが降りた中で、潜水夫が水の中にもぐって、まだ仕事をしているのが、陸上で指図している人の声で判った。東京湾から吹きつけてくる潮風に乗って、その声が意外に大きく、響いてきた。彼はその声を聞きながら料亭

「高砂」の玄関を入った。

座敷に通ると窓辺に近寄って、閉められていた障子を開け放した。腰高の障子窓のすぐ下を大川が流れていた。窓下の岸辺はかつて葦が密生していたといわれ、丁度大川の曲り角に当っていた。ヒタヒタと絶え間なく岸辺に波が寄せていた。向う岸の清州の倉庫、人家の灯が点々と燈り、それが大川の水面にゆらゆらと映えていた。ときどき、永代橋を渡る市電の発する音であろう「ゴロゴロゴロ」という断続的な音が、川風に乗って聞こえてきた。かすかに潮の香りを含んだ夜風が間断なくふきつけていた。暫らく外の景色をぼんやり眺めている中に、身体が冷えてきたのに気がついて彼は障子を閉め、座敷の中央に置かれた座卓の前に座った。座ぶとんの脇に炭火をいけた火鉢が置かれていた。

床の間に、黄色い菊が活けてあった。掛軸の図柄は鳥の絵だった。どこかで見たような覚えがあった。よくみると、それは平福百穂の「海鳥」であった。彼は意外な思いもあって、その絵をじっと見つめた。平福百穂は洋画も学び清新な写生派をうちたてた現役の有名な日本画家であった。さすがにこの掛軸の絵には生気が感じられた。潮（うしお）が岸にはげしく打ちよせて砕け散る様子が灰色と紺の絵具と銀粉を巧みに使って表現されている。水にぬれた灰色の岩の上に、一羽の赤土色の海鳥が首を起こし遠く水平線の彼方を見つめてとまっていた。その姿勢は現在の境遇に満足していて、しかも満足しきれないもどかしさを訴えているように、その目は、未だに捨てきれずにいるあこがれをじっと遠い水平線のかなたに凝視しているようにみえた。

彼はその鳥の中に、自分の姿を見たように思った。

大正時代は、これまでになかった謂ゆる中流階級を作り出した。

彼もその中の一人といえるだろう。農民や工員のように激しい労働をする訳でもなく、また誰にも真似の出来ない特異な技術や才能を必要とされるでもなく、ただ会社の命ずる多少知的な仕事を片づけさえすれば、平均的官吏の二倍の月給をとることが出来る。独身の身でありながら、社用と称して、一流の料亭で、一流の芸者と酒を飲むことが出来る。同じサラリーマンの中でも、彼は特に恵まれた部類に属するに違いない。しかし、この今の生活にしん底から満足しきれないものを感じるのであった。

あれからの鵜飼は、新太郎が見舞に行く度毎にやせていった。外貌の変化は鵜飼の生命に危惧の念を抱かさずにはおかなかった。不安は適中した。下宿先に、初めて彼を見舞ってから丁度半年、梅雨に入って間もない或る日、鵜飼は僅か三十才の若さで、ひっそりとこの世を去っていった。「しこぐさ」は廃刊となった。

これまで同人誌の文字通り中心となって、仲間をひっぱってきたかけがえのない男が倒れた。人の死の見聞が新太郎の人生観に微妙な影をおとしてきた。しかし、鵜飼の死は、これまで彼が味わったものとは、どこかが違っていた。衝撃は最も強かった。「あの頑丈な男を殺してしまったのは一体何だ。貧しさではなかったのか……」やりきれないような一種の怒りを伴っていた。彼は物を書くことの意欲を失った。

あの輝くような才能、頭の良さ、燃えるような情熱。全てが彼の死とともに消えてしまった。彼の愛した文学は彼の貧しさも、苦悩をも救うことは出来なかった。この不条理を説明することさえ出来やしない。文学なぞ、一体何の役に立つのだ。文学とは単なる自己欺瞞に過ぎないのではないか。貧しさから脱出するために真実を語れば徳富秋水や小林多喜二のような運命が待っている。国家を批判することも、新しい理想をかかげることも出来ない。文学と法律は国を滅ぼすといった哲人があるが、なるほど、ローマ、ギリシャしかり。古来より弱肉強食がこの世のならい。もう文学なんぞやめてしまおう。そんな余力があるなら教科書の一冊でもよけいに売るべきではないか。

唯心な思想の虜になっていた彼は一銭の利益に血眼になる商売のきびしさ、教師の金品の請求などを軽蔑することはあっても理解することがなかなか出来なかった。銀座、芳町などで接待のための遊びを覚えるうちには彼もようやく、ドロドロとした現実の世界の外に身を置いて生きてゆく訳にはいかないのだということに気付くのであった。

　そう思いながら、彼のあこがれであった文学を捨て切ってしまうことも出来ずにいる。むしろあこがれはつのるのであった。そんな自らがもどかしかった。彼は掛軸の中の鳥の眼をいつまでも見つめていた。

「今晩は。」

　よく通る澄んだ声がして、フスマが開くと黄味がかった錦紗の着物を着た「栄寿」が座ったままの姿勢で入ってきた。部屋の空気が急に華やいだように思われた。この中州というところは柳橋、霊岸島、芳町などの一流の検番芸者を呼ぶことの出来るところだった。それだけに中州の芸者はこれにひけをとるまいという万事に一流を志向する気風があった。栄寿はこの中州の「ひさご」という置屋に身を置く格式のある芸者で、その器量、身についた礼儀、芸事がきわだっていた。新太郎が中州に来るときは必ず栄寿を呼んだ。出来ることなら自分のものにしたいとさえ思いつめる程であったが、もとより、それはかなわぬことであった。

彼女は彼の脇に座ると、火鉢の上にかざしていた彼の手にごく自然に手を重ねてきた。彼は手のひらを返した。

「外は寒いくらいよ。まあ、カーさんの手、温かい。気持ちいいわ。」

「あたりまえさ。今まで、火鉢にあたっていたんだもの。相変らず元気そうだね。」

「でもホントに温かいんだもの。カーさんの心のよう……。」

「冗談よせよ。今夜はこれから大事なお客が来るんだ……。それにしても、栄寿に会えてうれしい。暫らくだったね。喜ばしいけれど何故か悲しい。あの水鳥と同じだ。あの鳥の目と俺の目つき、似てるだろう。」

「カーさん、何云ってんだか判らないわ。ああ、あの鳥ね。良く描けているわねぇ。私も籠の鳥だから、何だかカーさんの云いたい気持、判るような気もするけれど……。」

「そんなこと、どうでもいいさ。そろそろお客さんも着く頃だ。今夜も景気よく、パーッとやろう。」

「何よ、そんな真面目くさった顔をして……。もっと景気のいい顔をしてくんなまし。そう、そう……。万事合点、承知のすけ。わちきにまかしてくんなまし。」

二人は顔を見合わせて。どちらからともなく笑い出していた。

三　調布千鳥町

一、中野堀之内

「お栄ちゃん。ちょっと降りておいで。」

階下（した）から叔母の大きな声がした。さっきまで階下で、こまごました雑用を片付けて、今また物干し台から洗濯物をとり込みそれを抱えながら座敷に戻ったばかりのところだった。

「用事があったのなら、階下に居る時に云ってくれればいいのに。私のことを、まるで女中のつもりにしているんだから……。」

　この家に来てから、いつか半年の余の月日がたっていたが、栄子はこの叔母がどうも好きになれなかった。自分本位で口やかましく思われた。これまで誰からも束縛されたことなく育ってきた栄子にとって、いちいち他人から行動を指示されたり、苦情をいわれたりすることが、ひどくわずらわしいことに感じられるのであった。扱われかたも、最初の話と違って、まるで使用人に対するもののように感じられて、自尊心の強い彼女にはそれも耐え難いことのように感じられるのであった。

　もともと彼女は子供の頃から、一を聞いて十を知るといったような勘の良いところがあった。何か一つのことをやりとげなければならない場合、いち早く、考え得る一番良い手段、手順を考え出し、それが決まると適確に実行した。手足も早く良く動いた。気質は陽性で明るく、じめじめと思い悩むというようなことは性に合わなかった。「洗い熊」のあだ名をもつ姉の徹底した潔癖症の影響からか、好き嫌いがはっきりしていた。彼女の好きなものは、飼い猫、やきいも、一葉、漱石の小説、夢二の絵、芝居、活動写真、野球、嫌いなものは酔っ払い、意地悪、成金、ヘビ、ムカデ、子供などであった。あの大震災のとき、彼女が持って逃げた唯一の荷物は、バスケットに入れた飼猫一匹だった。

　物事に金銭がからむと不純になると考えるところがあった。精神が金銭にとらわれることを軽蔑した。魂はいつも、高貴でなければならなかった。「武士は食わねど高楊枝」が口ぐせであった。そのくせ、大安とか仏滅、北枕など、昔からのオマヂナイ、言い伝え、つまらない迷信などには、囚われるのであった。それらの中には躾のためなどと理解出来るものもあったが、今ではあまり意味のないものが多かった。昔から悪いといわれていることを、あえてやる程のことはないというのが自分自身を納得させる理由であった。縁起もかついだ。新しいところのある割には、意外にも本質は古風であるといえた。人に対しては、親身で情に厚かったが、押しつけがましいところや、恩着せがましいところがなかった。わざとらしくみえることを恥とした。柳、黒板塀、三味線、華やかな芸者衆……

そんな中で育った割には髪飾り、服装などもケバケバしいもの、これみよがしに派手なものを彼女自身が身につけることはなかった。着物の柄、帯との組合せなど、さりげないところに充分すぎる程の心を配り、それが他人に美しさとして評価された時初めて彼女は満足するのであった。万事、そんな風にあかぬけて洗練されたものが、江戸風の粋と言うことだと解釈していた。

人とつき合う場合、誰とでもそれぞれの立場で対等に話せるように、相手の言葉に合わせ、傷つけないように気を配った。身分などを鼻にかけて尊大な態度で、人を見下したような言葉使いをする者がいるが、そう云う者こそ、野暮な無教養人なのであった。

一言で言えば、彼女は「江戸っ子」であった。気配り、気働き、「気を利かして」さりげなく物事を処理し、人とは明るく親身に接する。これが彼女の自分を律する日常の生き方であった。それだけに、不当に扱われていると思うことは、彼女の場合、比較的重大な関心ごとになるのであった。

良く考えてみると、この生活に耐える必要は無かった。飛び出して、芸者になるなり三味線を教えるなりして、何とか一人で生きて行けるだけの才覚はあるつもりであった。そう思うことで、今日一日がもっているのかも知れなかった。

母や栄子達の必死の努力にかかわらず、三金は遂に廃業のやむなきに至ってしまった。兄は美校を卒業してからも、ずっと海野先生に師事して修業中であった。彫金以外のことは眼中になかった。姉は大分以前からつき合っていた山形の木村という人と一緒になった。

栄子は三井家の名を護るのは結局自分しかないと秘かに思い定めて終生独身で三金をやって行くつもりであった。持ち込まれた縁談はことごとく断ってしまった。お客の中でも、熱心に愛の告白をしてくれた人もあった。あの松坂屋の杉本もその一人だった。申し込みを断って間もなく、人づてに杉本が結婚したことを聞いた。思いがけず何故か胸の奥でどこかが痛んだ。そのことに驚くのであった。

パイロット万年筆に勤めていた青木というバンカラな青年が意外に誠実で、内気そうなところがあって、どこか魅かれた。彼も、隅田川の岸辺で、真剣に結婚を申し込んでくれた。その時彼女はすぐ結婚出来るような状況になかった。もう一年程、待ってもらうつもりでいた。しかし、その時約束の場所まで円タクの代金を彼が手渡そうとした。家の苦しい経済事情をみすかされているように思った。彼女の勝気さは、自分が同情されるようなつき合いを、自分自身に許さなかった。彼女は彼の申し出をきっぱりと断ってしまった。胸の奥のどこかを悲しい痛みが走るのを感じていた。彼女はその時の悲しそうな彼の顔を忘れることが出来なかった。廃業する時期がもっと早く判っていたのであれば、あるいは別の人生が開けていたのかも判らなかったのだ。

彦さんは「力仕事でも食っていけるさあ」といって淋しげに去っていった。母は店を売り、借金を返した残りで、団子坂に小さな家を買った。一階八畳と四畳半、二階八畳、三坪程の狭い庭を持った小ぢんまりした二階屋であった。兄は、床の間に祖父の代からの小刀を飾った。二階を仕事部屋とし、終日部屋にこもり切りで彫金の仕事にうち込むのであった。

姉が一緒になった木村という人は、山形左沢の庄屋の息子で、空手できたえたずんぐりした体、何事にも動じないような胆の座った男であった。木を削って仏像を彫ったり、十六ミリの撮影を趣味とするような神経の細やかな面も併せもっていた。金銭には一向に無頓着で、常に悠揚として迫るところが無かった。年の半分は秋田、山形の山の中で暮らしていた。鉱脈をさがすのが仕事であった。姉は山の中までついて行く訳にもゆかず、東京で一軒かまえるまでの余力もなく、当面この家に住むことになった。

兄も、結婚しても可笑しくない年になっていた。遠縁の叔母が夫を亡くし淋しがっており、一緒に住みたいといってきた。狭い家にいつまでも居る訳にはいかないという理由だけで、深い考えもなく、推められるままに、つい、ここに来ることを承知してしまった。

「ハァーイ」

反射的に返事をした。抱えていた乾いた洗濯物を畳の上に放り出して彼女は下に降りた。障子を開けると、叔母がいつになくニコニコしながら、彼女を座敷に招じ入れた。

「実はお栄ちゃん。あんたにいい話があるんだよ。まあ、そこにお座りよ。あんたにお見合いさせようと思ってね。」

彼女が座るのを待ちかねたように、叔母が云った。

「叔母さん、からかわないで。今更、お嫁に行こうなんて思ってもいないわ。お嫁に行くつもりなら、とっくのとうに行ってますよ。少し落着いたら、独立して、もう一度、御家を再興するつもり……」

「駄目、駄目、お栄ちゃん。女は嫁に行くのが一番。あんたのお母さんからも頼まれているんだよ。あんたにすまなかったって。まあ、いいからこの写真をみてごらん。」

両面開きの厚紙にはされまた何枚かの写真を手渡された。鼻の高い、優しそうな男の顔が写っていた。いかにも誠実そうではあったが彼女の好みの男らしい精悍さには欠けているように思われた。

「ホラ、ウチの家作のタバコ屋の金子さん。あの人の甥で、出版社に勤めているんだそうだよ。真面目で、しっかりしているといってたよ。背も高いし、中々男前じゃあないか。金子さんかい。やだねぇ、お湯やで何度か会っているよ。やせて一寸背の高い……そう、そう、あの人だよ。あの人が、あんたのことを、ひどく気に入っちまってねぇ。身のこなしが粋でいやみがないってんだよ。挨拶一つで人柄まで判るてんだよ。それを聞いたとき、何だか鼻が高かったよ。」

「こわいわねぇ。お湯やでさえ、気が抜けないなんて……。それにしてもほめすぎよ。」

反ってワザとらしいわ。」

「あたり前だよ。若いんだもの。何時、何処で誰が見てるのか判りゃあしないんだから。お気をつけよ。あんたが怒るといけないから、ほんとは黙っていようと思っていたんだけどねぇ、やっぱり云っちまおう。金子さんがあんたをほめたとこが、もう一つあるんだよ。何だと思う。」

「まだ、ほめられるとこがあるなんて信じられない。判る訳ないでしょう。」

「それはねぇ、あんたのお肌だとさ。あんたのお肌ほどきれいなお肌をみたことないって。」

まるで写真の男に、知らぬ間に彼女の素肌を見られてしまったように感じた。彼女の頬にポッと血がのぼった。

「厭な叔母さん。大体身体のことを、とやかく云うのは趣味が悪いわ。もうそれだけで、ガッカリしたわ。お断りして下さい。」

「ア、ハ……、やっぱり怒ったかい。色の白いは七難かくすというけれど……ほんとだねぇ。」

「じゃあ、まるで七難あるみたい……。上にまだやりかけの仕事がいっぱい残っているの……もう行かせて戴きますよ。」

　いいながら彼女は立ち上った。

「まあ、もう少しいいじゃないか。叔母さんの顔を立てて、ともかく一度、会ってごらん。いいね、相手の返事はもうもらっているんだよ。いやとは云わせないよ。」

　聞きながして部屋を出ようとした彼女の背に、叔母の声が追いかけてきた。

二、中野高根町

昭和三年五月十八日、見合いをして間もなく、二人は栄子の叔母の推めで、近くの日蓮宗妙法寺の前の料理屋で、結婚式を挙げた。

二人は金子の伯母の二階でささやかな結婚生活の第一歩を踏み出した。理想的な新居とはいいがたかったが、彼がここに入るときの条件で、ゆくゆくは、この家が新太郎にゆずられる約束になっていたからだ。

新太郎としては、この家を伯母から譲り受けたならば、ここを根城として、いつか一国一城の主となり、何事かをなしたいという野心があった。このままサラリーマンとして一生を送るより、時期をみて出版界に己の能力を賭けてみたいという漠然とした願望が、芽生えてきていたのであった。その機会が来たならばここを、彼の出版社の原点としようと思っていた。

出版業界では、十年勤続した者には、日本の何処であれ、本の小売店を開くことが出来る権利が与えられた。これは書籍組合によって作られたシステムであった。彼はこのシステムによって、先ず本の小売店から始めようと考えていた。

結婚式から間もなくして、伯母が急逝した。

彼はその機会が早く来すぎたと思った。彼の考えを妻に打ち明けてみた。彼女は即座に反対した。

「自分は勤め人に嫁いだのであって、商人の妻になるつもりは全くない。この土地と家に未練はない。紺の叔母の干渉から逃れたい。他所に移りたい。」といった。

彼もこの構想を是非とも実現したいという程の熱意があった訳ではなかった。妻の協力が得られないのであれば、一応断念するより他なかった。

紺の叔母の度の過ぎた干渉の様子は承知していたので彼が温めてきた考えは中止して、早速、転居することにした。東中野駅から八分程の高根町に広い庭つきの一軒屋を借りた。庭木の緑が珍しかった。家賃は一ケ月二十七円であった。

ここに越してからの彼女は、彼が見違えるように明るく生き生きとしてきた。彼の朝夕の通勤も楽になった。

間もなく、梅雨もあけるのであろうようやく晴れた日曜日の午後、晴天にさそわれて二人は散歩に出た。駅前の賑やかな街並みに入る手前を左に折れて、国鉄線路の踏切を渡った。

線路の向う側は、東京府豊多摩郡落合村といった。なるほど人家は点在するが、それが主体ではない。もう夏の到来を感じさせる空の下、田園の中に野原が点々と広がり、いたるところに林が散在していた。雑木林の緑がみずみずしくみえた。武蔵野の面影が色濃く残っていた。水たまりをよけながら道を北の方に少しくだって行くと田園の中に真すぐ走る西武鉄道の線路が見えた。思い出したようにのんびりと電車が通っていった。

その線路を越えると、妙正寺川が流れていた。梅雨の季節にもかかわらず、よく澄んだ水を通して、砂まじりの白っぽい川底がすけてみえた。五、六人の近所の子供達が水の中で遊んでいた。聞くとウナギをとっているのだと答えた。この川が以前二人で高田馬場に出たとき、のぞき込んだ、あの神田川につながって行くと聞いて、栄子は不思議そうな顔をした。神田川は深い谷底を流れているように見えたからだ。少し疲れを感じて立ち上った。

向い側の台地は目白台といった。その台地に、これまでの住宅と違った赤い屋根をもった西洋風の文化住宅がポツポツと立っているのが見えた。震災を契機として、急速に開けつつある郊外の一つの典型をみたように思った。緑の多い自然と、新しい人間の文化との共存。のどかな田園風景は彼に下町のそれとは、また違った、郊外の魅力を否応なく印象づけずにはおかなかった。

　歩き始めようとした時、急に栄子がしゃがみ込んだ。苦しそうに、肩で大きな息をしていた。

「どうした?……。どこか痛むのか……」

　彼が慌てて近づいてみると、栄子はついさっきまでの顔色を失っていた。

「痛くはないの。ただ急に気分が悪くなって……。近頃ちょくちょくこんなことがあるの……。びっくりさせて……ごめんなさい。もしかしたら、赤ちゃんかしら……。」

「えっ、何だって……。そうか、赤ん坊か。本当にそうならいいけれど……。もっと早く云わなけりゃ、駄目じゃないか。」

　彼はとぎれとぎれに答える彼女の背をさすってやった。暫らくして、彼女は立ち上った。

「ありがと、もう大丈夫。さっぱりしたわ。さあ、あの辺まで、もう少し歩きましょうよ。」

心配そうに彼女をみつめる彼をうながして、彼女は、いたずらっぽく、にっこりした。

翌五年四月八日、お釈迦様の生誕を祝う花まつりの日、栄子は無事女児を出産した。

新太郎の両親、栄子の母、そのいづれにとっても、初孫であった。大変な喜びようであった。新太郎の父が「徳子（とくこ）」と命名した。こうして若い夫婦は父と母になった。

三、　調布千鳥町

かつて、若い情熱を文学に燃やし、理想ばかりを見ようとした世間知らずの商家の息子は、いつか、世間の裏表をも知る中堅のサラリーマンに育っていた。夢を捨て切ってしまった訳ではないが、文筆で世に出ることのむずかしさを、さすがに認めざるを得なかった。

翌六年の春、頼んでおいた友人の世話で地上線の沿線に気に入った家を見つけることが出来た。不足の分は、実家からの資金援助を充当し、これまで彼が貯えてきた全ての金額を投げ出して、これを買った。早速、高根町から引き移った。

大森区調布千鳥町五八八番地。ここも目白台と同じように、急速に開けた郊外であった。同じ造りの六軒の家が路地を挟んで三軒づつ並んでいた。隣りは米国帰りの薬剤士夫婦、奥隣りは新婚サラリーマン。向いは歯科開業医で、洋風の応接間を診療室にしていた。この辺りは多摩川に近く、起伏に富んだ丘陵地帯で、二粁程の二つの駅の間は複線のレールが真直に走っていた。二百米程の等間隔でやぐらのように組まれた銀色の鉄柱が鳥居のように線路を跨いでいた。二つの駅の間を、未だ珍しい六米幅のアスファルト道路が、線路に沿って走っていた。道路と線路とは、古い枕木を利用した柵で隔てられていた。

彼が買った家はこの道路に面して、丁度二つの駅の中程にあった。敷地百坪。道路からは一米程高台にあり、敷地の周囲は、高い板塀で囲まれていた。建物は約三十坪弱の平屋で、六畳二間を半間巾の廊下が囲み、曲り廊下を隔てて、八畳の離れがあった。

台所にはガスが引かれていたが、水は手押しのポンプで井戸水をくみ上げて使った。台所に接する六畳に茶ダンスと長火鉢を置くと、どこにもあるありふれた居間の雰囲気が生れた。

離れの八畳間の縁側に立って、外を見ると塀越しに銀色の鉄柱と高架線、一粁先の丘にぶつかるまで、さえぎるものなく広がる一面の野原を眺めることが出来た。野原からときおり、ひばりが中空高く舞い上った。庭には小さな池と築山を作り道路に面する塀ぎわには、目かくしをかねて幹の太さが直径三十糎程の桜の木、三本を植えた。他に松、梅、モミジなどの庭木を植え、廊下の軒下にはブドウ棚を作った。適当な石を配し縁側のはずれには子供の背丈程もある大きな沈丁花を植えた。そうするとそれまで平坦な地面であったものが、にわかに立体的な日本の庭になった。

世の中は相変らず不景気だったが、サラリーマンにとっては、物価は安く、むしろ、最も暮らしやすい時代であるといえた。彼の月給でも山形出身の若い女中を置くことが出来た。

暑い中を会社から戻り、一風呂あびて、ゆかたに着がえ、離れの座卓の前にあぐらをかいて座る。未だ香りを失いきっていない青畳。障子という障子を外して、すだれにかけかえられた夏の開放的な家の中のたたずまい。掃き清められ、打ち水のされた庭の土の色。つややかに水にぬれて光る石、葉水によって急に生気をとりもどしたように見える庭木の緑、見なれた小さな庭の景色が、彼の日中の疲れを、慰めてくれた。残照で、庭の風物はまだ昼と同じように、はっきりと、その形を見せてはいたが、座敷に入り込んでくる風は、木々の間をぬけて、すでに夕刻を告げるように涼しく感じられた。ウチワを片手に、胸元に風を入れていると、女房がよく冷えたビールを運んでくる。コップに注ぐと、コップはたちまち汗のように水滴を、その表面に、浮び上らせた。注がれた一杯を、一気に飲みほす。

「ああ、この俺も、どうやら一人前の男になれたのだ。結局、俺の求めてきた生活というのは、こうゆうことだったのだ。そうさ、満足だ！　この上不満をいうことは許されまい……」

　ふと、そんな感慨にひたることがあった。堕落とは思わなくなっていた。子供を女中にあずけ、妻に三味線をひかせ、あまりうまくない小唄をうなる中に、庭の木々の輪郭はいつか、夕闇にとけこんで、全ては不明確な影絵のようになってしまう。時間は音もなく過ぎていった。時折、塀越しに、電車の窓のオレンジ色の明かりが、細い、点線となって通りすぎた。パンタグラフが、青白い閃光を放ち、一瞬あたりを稲妻のように照らし出した。しかし、それは一瞬のことで闇の中に浮び上った景色は、再び暗黒の帳の中にとけ込んでいった。

　そんなとき、「この、満ち足りた生活がいつまで続くだろう……。」何の脈略もなく酔いが醒まされるように、彼は時代が次第に暗い方に向いつつあることを、いわば本能的に、身体のどこかに漠然と感じるのであった。

四、満州事変

昭和六年、満州事変勃発。日本軍は、つぎつぎに満州各地を占領していった。その都度、その勇ましいニュースが国内に報道された。暗い雲に覆われていた日本の前途に、明るい希望の光がさしてきたように感じられた。国民全体が湧きたった。

昭和七年一月、戦火は上海に飛び火、謂ゆる上海事変が勃発した。三月一日、満州国建国宣言、五月十五日、熱狂的な大歓迎の中を、チャップリンが来日した。その日の夕刻、少数の青年将校がクーデターを決行。「話せば判る。」制する声をはねかえすように「問題無用、うて！」その声とともに二発の拳銃弾は、犬養首相の頭部にうちこまれた。政党内閣時代はこの時終止符を打った。

七月、地下鉄上野駅完成。

八月十四日、オリンピックで日本、水泳で殆んどの種目を制覇。ロスアンゼルスに十一本の日章旗が翻った。

　秋、ようやく庶民のものとなったラジオからは早慶戦を実況する、弾むように明るいアナウンサーの声が流れてきた。

　この年の暮、十二月十五日、千鳥町の家で長男が生れた。祖父が「弘基」と命名した。条は今度の孫が男の子だったことが嬉しかった。これまで以上に、団子坂から千鳥町まで通ってくる回数が多くなった。

　栄子が千鳥町に移ってくるまでの間に、姉は滝野川に一軒かまえて、団子坂の家を出ていた。

　兄は大妻家から嫁を迎えていた。「楓」という名のおっとりとした、上品な娘であった。彼女は上手にびわをひいた。条にとっては、新婚早々の嫁の顔を見ているより孫の顔を眺めている方が楽しいのであった。

　新太郎の家の前のアスファルト道路を右手に進み、三軒目の家に沿って角を曲ると、道は百米程のゆるい上り坂になっていた。登り切ったところに広大な慈恵医科大学予科の総合グランドが広がっていた。軍事教練が行なわれていなければ授業中は深閑としていたが、放課後や日曜日には、ラグビー、野球、テニス、弓、水泳、相撲など、色々なスポーツの練習、或は試合が行なわれ、学生達の若々しい群像が乱舞した。

毎年秋の学校祭には模擬店が並び、父兄、生徒で、さしもの広いグランドが一杯になった。運動会も催された。

地上線の踏切りを越えて、一粁程西に鎮守様があった。高く繁った杉木立は、家からも見ることが出来た。狭い境内を吹きぬける夏の風は涼しかった。年に一度の縁日には朝から絶えず太鼓が叩かれ、花火が上った。夜にはアーク燈に照らされて、沢山の夜店が出た。

その近くを、鎌倉街道の一つ、東の道、又は下の道と呼ばれる本街道が通っていた。長い歴史を物語るかのように、道の両側には見事な欅が等間隔に並び、どこまでも続いていた。遠く鎌倉から矢口の渡し、池上を経て、新宿、府中へと、続いている筈であった。更に足を延ばせば、広い川巾と河川敷をもった多摩川に出ることが出来た。いかにも田園の中を走るにふさわしいゆったりとした大きな流れで、緑色のジュータンを敷きつめたような、土手は、両側にどこまでも続いていた。とき折、川面を砂利採取舟などが、ゆっくりと通っていった。土手の上を「玄米パーン」と呼びかけながら自転車を漕いで、パンを売りに来る人があった。

条は小さな孫を背負い、もう一人の孫の手をひいて、そこ、かしこ、散歩して歩いた。自分の子供達の幼い頃の成長振りと二重写しになって、彼女は飽きることが無かった。

条ばかりでなく、新太郎さえ、休みの日には、家族をつれて、よく散歩に出た。多摩川にしじみを取りに出かけたこともあった。親戚のものを案内して、矢口の梅を観に行ったこともあった。

昭和八年三月、日本は国際連盟を脱退。

昭和九年ワシントン軍縮条約から離脱、ますます米英と対立傾向を強めていった。この頃から「非常時」という言葉が盛んに使われ始めた。この年七月四日、新太郎の父、常次郎が亡くなった。

昭和十年八月十二日、相沢中佐が永田陸軍軍務総長を斬殺。陸軍内部に派閥抗争があることが露呈された。

翌十一年二月二十六日、昨夜半より降り始めた雪は三十年振りの大雪となった。二十一人の青年将校に率いられた千四百名の兵士は、この雪をけって、首相官邸などを襲撃した。二月二十九日、このクーデターは四日で鎮圧された。

この事件から間もなくして、次女が生れた。

眼の大きい、頬がふっくらとした、色白のいかにも女の子らしい、赤ん坊であった。「孝子（たかこ）」と名付けた。

八月、ベルリンオリンピックでは、競技場から直接日本に向けて実況放送が行なわれた。

「前畑ガンバレ」の連呼が日本のラジオから大きな振巾をもって、流れてきた。

昭和十二年、長女は東調布第三小学校に入学した。

四月十日、国産機「神風号」がロンドン飛行に成功。国中が沸き返った。

七月七日、盧溝橋でおきた一発の銃声は日中戦争（支那事変）へと発展する。この前々日、新太郎の母、律が亡くなった。十二月には南京が陥落した。

昭和十三年一月、杉本良吉、岡田嘉子がカラフトで国境を越えソ連に亡命した。戦火は消えず拡大していった。

七月予定されていた東京でのオリンピック、万国博の返上が決定された。

八月十五日、次男が生れた。「秀次」と名づけた。この頃になると栄子も、女から落着いた母に変身して、精神的にも強くなった。自分が子供達から頼りにされているという実感、子供の笑顔、子供の成長が何よりの生きがいになってきていた。

十一月には栄子の母条が亡くなった。

家族から「ネエヤ」と呼ばれ、肉親のように同じ屋根の下、長く暮らしてきた女中は、縁談が決って国元へ帰っていった。

十四年一月、七十連勝を続けてきた双葉山が安芸海に敗れ、双葉山のファンであった栄子をがっかりさせた。同じ頃、日ソ停戦協定が成立した。

この年の春、長男が小学校に入学した。

この間、すでに結婚していた新太郎の弟にも殆んどが同じ頃、次ぎ次に子供が産れていた。妹の華子は内藤家に嫁ぎ、三男謙三は、八尾家に養子に入っていた。

栄子の兄は毎回帝展に入選するまでになっていた。作品が宮内省お買上げになったこともあった。

木村も山を当てて、大金を得た。女中を置き、生活は安定してきていた。木村家にも一人息子が出来ていた。長女の徳子より、二つ上で「正」といった。日曜日など暇を見つけては、子供達をつれて、木村家を訪ねるのが栄子の一番の楽しみであった。子供達を女中か一人息子にあずけると、姉と二人でデパートに買物をしに行くのであった。栄子の姉は孝子を極端な程に可愛がった。

五、 孝子の死

「お母ちゃん、ゴメンナサイ、タカコ、おもらししちゃったの。パンツよごしちゃった。」

「駄目じゃない。早くお便所に行かなけりゃ。ホラ、早く、お脱ぎなさい。」

滅多に粗相をすることのない孝子が、半分泣きながら訴えてきたとき、栄子は、いつものように、きつい声で叱った。つい今しがたまで、廊下を駆けながらはしゃいでいた孝子は、しかし、急に元気をなくしたように見えた。昼に食べたものを吐いた。フトンを敷いて、横にならせた。熱もあるようなので計ってみると三十八度あった。

「タカコ、イチゴ食べちゃったの。ゴメンナサイネ。」

「ほら見なさい。バチが当ったのよ。お母さんに聞いてからでないと、どんなものでも食べては駄目だと、いつも云っているじゃない。」

栄子は洗うつもりでザルに入れた苺をそのまま、調理台の上に置き放しにしていたことを思い出した。食べものには神経質すぎる程、気を配るのに、今朝に限って、つい失念してしまった。取り返しのつかないことをしてしまったような厭な予感がした。

夕方には熱が四十度に上り、下痢が続いた。うつらうつら半眠状態の孝子は眼を開けて、母親の存在を確認すると、その度に、

「お母ちゃん、ゴメンナサイ。」

といった。ときどき笑顔をみせたり、お話を母に聞かせたりしていた。

夜に入ると突然意識がもうろうとしてきた。呼びかけても、はっきりした返事をしなくなった。病状は、急に、深刻になった。帰宅した新太郎がすぐ医者を呼びに走った。医者はすぐ来てくれなかった。栄子は、待っていられなかった。彼女は孝子を背にすると闇の中を一粁程離れた医者まで夢中で走った。

診察した医師は「残念ながら、手遅れだ」といった。病名は「疫痢」だった。必死に呼びかける彼女の声も空しく、僅か半日病んで孝子は、翌日の朝早くあっけなく、五才の生命を閉じてしまった。五月二十日のことであった。

お骨を新太郎の実家の菩提寺である「因速寺」に葬った。

戒名は「釋智隆重女」とつけられた。

新太郎の悲しみは大きかった。会社から帰り、玄関を開けると、この小さな天使は、いつの頃からか必ず奥から飛び出してきた。未だ、回らぬ舌で、「オカエリナサイ。ゴクローサマデシタ。」といった。式台に上った父に抱き上げられると、彼女は父の頭から、父の帽子をとり、玄関につづく二畳間の帽子かけにかけるのを、彼女の仕事としていた。長女も長男も、馴れ馴れしく父に近づくということが無かったが、彼女だけは、人を魅了してしまう天性の人なつっこさを持っていた。どんなに機嫌の悪いときでも臆することなく、膝の上にのってきて、いつか、父の気持をなごませてしまう。父から見ると彼女の容貌は、吾が子とは信じがたい程、美しく、愛らしくみえた。

　玄関を入っても、もう、あの声を聞くことは出来なかった。帽子をとる可愛らしい手、頬ずりして味わう、柔肌の感触も、二度と感じることは出来ないのであった。

　栄子の嘆きも大きかった。いつまでたっても、「ゴメンナサイネ。」という声がまざまざと耳に残って消えなかった。朝に泣き、夕に泣き、夜に泣いた。もしや、あのとき、ああすれば助かったかも知れない、こうしてやるべきだったと思い、思い出しては、また泣いた。泣いても仕方がないと判っていながら、一年の間は折に触れて、泣いてばかりいた。その憔悴振りは激しかった。新太郎は自分が娘の死を悲しむ以前に、妻の嘆きを慰めなければならなかった。

木村の姉、近所の人々、自分の子供達に励まされ、慰められて、少しづつ、気持の整理がついていったのであろう。一年を過ぎる頃から、持前の快活さをとりもどし、やがて、立ち直っていった。

六、太平洋戦争

戦火の拡大するにつれ、時局は次第に戦時色にぬりかえられて行った。国内の経済環境も変質しつつあった。

次男の秀次が生まれた昭和十三年の四月には、「徴用令」、「国民総動員法」が公布された。これは国の中にある全てのものを、一片の勅令で国家の意のままに動員出来るという戦時経済体制が確立されたことを意味するものであった。「綿製品管理令」が施行されると同時に、かつて質素を、或いは庶民を代表する繊維であった「純綿」は庶民には手のとどかぬ大変な貴重品となった。

十四年には「賃金統制令」、「物価統制令」「価格規制」、「国民徴用令」と矢つぎ早やに法令が出され統制一色。自由な経済活動は事実上停止してしまった。出版界も例外ではなかった。

木綿に変り、「スフ」などという化学繊維を始めとして、さまざまな「代用品」が登場してきた。

日本の現状に失望し、満州に新天地を夢みて、かの地に渡る人々が増えた。新太郎の回りの親しくしていた知人の中からも、何人もの者が夢を求めて渡満して行った。新太郎も友人から一緒に行かないかと誘われたこともあったが、唯心的な思想からやはり、渡満する気にはなれなかった。

昭和十五年、世界から孤立した日本は、九月日独伊三国同盟締結。十月、大政翼賛会発足。十一月皇紀二千六百年記念式典。万世一系の天皇をいただくこの稀有な国体日本人であることが、一部の識者を除いた大多数の日本人にとっていかにも、幸せなことに思われるのであった。

明けて、昭和十六年四月一日、時代を反映して、小学校は国民学校と呼ばれるようになった。

四月十三日、日ソ中立条約が締結されて、間もなくの六月二十二日、ドイツはソ連に宣戦を布告、欧州に戦火が上った。時局はますます重く苦しくなってきていた。

十月に東條陸軍大臣が内閣総理大臣となった。

昭和十六年十二月八日、朝六時、力強いアナウンサーの声によるラジオの臨時ニュースが、日本国中に衝撃波となって、ひびき渡っていった。

「大本営発表。帝国陸海軍は、本八日未明、西太平洋において、米英軍と戦闘状態に入れり。」

「とうとうやったか！」

大多数の国民は熱狂して、このニュースを聞いた。耐えに耐えてきた米英の横暴に対して、ついに堪忍袋の緒を切ったという云うに云われぬ爽快な開放感を全身に感じたのであった。

新太郎はしかし、「さあ、とんだことになってしまった」という胸の中から湧き上ってくる消しがたいわななくような不安を押さえることが出来なかった。ニュースを聞いた瞬間、大震災のとき、米国から送られた洋服と靴を手にしたときの、素朴ではあったが素直な、あの感謝の気持を昨日のことのように思い出していた。

この時新太郎三十七才、長女、小学校五年生、長男三年生、次男五才、であった。

七、疎開

戦況は最初、日本に有利に運ばれた。破竹の勢いの日本軍は、早くも十七年一月、マニラ、二月シンガポール。五月にはコレヒドールを陥落させた。海上では英国戦艦、プリンスオブウェールズ、レパルスを撃沈。しかし、六月、早くも、日本海軍はミッドウェーで壊滅的な打撃を受け、これを機に日本は守勢に回る。

「負けた」という戦況は国民には知らされなかった。「勝った」というニュースばかりが連日報道されたが、国内の様子は次第に悪化してきていた。燈火管制がひかれ、食卓が暗くなった。家庭のあらゆるガラス戸には爆風でガラスが飛び散らないように和紙で作ったテープが貼りつけられた。庭には防空壕が掘られた。

十八年に入る頃には、あらゆる物資の不足が目立ってきた。新聞も巾三十六糎程のタブロイド版一枚となった。紙もインクも足りないのであった。

教科書の出版は、民間の手を離れ、政府の手に移った。S書房は閉鎖された。

新太郎は電気通信機メーカー「S社（三光社）」に転職した。この会社はこれまでよりは自宅に近い羽田にあった。軍関係の通信機を作る生産工場をもっていた。彼は営業部長として迎えられた。

それから間もない九月十五日、三男が生れた。「正治」と命名した。

十九年二月、ガダルカナル撤退。戦局はひっぱくしてきた。ラジオの番組が突然中断され、「東部軍管区情報。敵一機は房総方面海上より本土に向けて、接近中なり、関東地区警戒警報発令、関東地区警戒警報発令。」

警報の臨時ニュースが飛び込むことが多くなった。ラジオと同時に「ウウ……」という陰気なサイレンの音が、遠く近くこだまするように聞こえてくるのであった。

六月三十日の閣議は学童集団疎開を行うことを決定した。これは人の分散を図り空襲の被害を少なくしようとするもので、先ず縁故疎開の出来ない国民小学校五、六年生が対象になった。田舎に縁故のあるものは、個人として、都会を離れ、それのないものは学校単位で、集団として、地方に移るのであった。実行までに一ケ月なかった。

国民学校六年の長男は、すっかり軍国少年に育ち、軍人になるつもりであった。集団疎開の身体検査に合格してまるで、遠足に行くのか、幼年学校に入隊するのか程度の受け取り方で、嬉々として、荷物の整理に余念がなかった。栄子も、持たせてやるフトンを作り直すなど、あれこれ長男の疎開の準備を手伝っている中に、家族が別れ別れになることの重さが、次第に彼女を圧迫し始めた。それは耐えがたいことのように思えてくるのであった。死ぬときは親子もろともでありたいとまで思いつめるのであった。夫に訴えてみると「転職したばかりの今、男として職場を離れる訳にはいかない。万一、自分が空襲で死ぬことがあっても、家族だけには生きのびて欲しい、そのためには、自分以外の家族が一まとまりになって縁故疎開する以外にない」という。結論がそう出てみたが、二人には、頼るべき田舎がなかった。時間も切迫していた。

疎開先は出入りの酒屋の紹介で埼玉県秩父郡、影森村と決った。東京から約二時間で、たどりつける距離であり、新太郎にとっても都合が良かった。

まだ満一才にならない乳のみ児をかかえた栄子と三人の子供達は、夏休みに入った、八月のある日、久ケ原駅まで、送りに来てくれた近所の人、長女、長男の学友などと、つらい別れを惜しむと、車中の人となった。あわただしい別れであり、急な身辺の変化であった。上野で列車に乗りかえ、不安を抱きながら、まだ見ぬ秩父へと旅立っていった。

残された新太郎は荷物を八畳一間に押し込め千鳥町の家を新婚夫婦に貸し、身軽になって、滝野川の木村の家に移った。木村家では中里に豪邸を作り、引っ越して間もなく強制疎開によってこの家が壊されてしまったのを機に仕事の関係もあって夫婦が山形に移り住んでしまった。元の滝野川の家には、中学四年になった息子だけが一人で住んでいた。新太郎がこれまで想像したこともないような中年男と中学生との共同生活が始まった。

秩父に着いた親子は、とりあえず駅前の「竹寿亭」という村に一つだけの旅館に落着いた。時局のせいで、客はなく、貸し切りの如くであった。疎開者が珍しいのか、村の人が入れかわり、訪ねてきた。

宿の二階の窓から駅舎、引き込み線にセメントを積み込むためにたえず出入する貨車、駅舎の後方に連なる小山の群、その後方にそびえる武甲山、山腹にはりついているようにみえる昭和電工の工場などをぼんやりと眺めて、なすこともなく日を送った。早くも、東京がなつかしく思われるのであった。

新学期が始まった。長女は埼玉県立秩父高等女学校に、長男は中学受験をひかえているので、村の国民学校ではなく、秩父市内の国民学校まで、電車通学することになった。たった一駅であったが、一時間に一本の電車が通う不便な単線であった。秩父第二国民学校といった。間もなく、二百名程の、招かれざる客、集団疎開の生徒が月島第二国民学校からやってきた。

村には銭湯がなく、親子が入浴したいときは街まで、電車に乗っていくのであった。新学期が始まって間もなく、イタリヤが降伏した。

十月には、神風特攻隊が出撃した。戦局がそれほどまでに切迫しつつあることを意味するものであった。

弘基が学校で作った「神風や南の空に今起きぬいざ敵盤をレイテの海に」という短歌が学校の提示版に張り出された。国民も、その深刻な戦局を愁うるより、彼等の行動に感動した。

集団疎開の生徒たちは、少し親しくなると、同じ疎開仲間である弘基に食糧をねだった。しかし、疎開者には満足な食料はなかった。もともと、絹で有名な秩父は桑畠ばかりで、米はおろか、甘藷さえ、充分にはとれない土地柄なのであった。そこの土地の者さえ、満足な食料を得ることは出来なかった。

新太郎は出来る限り闇の食料を東京で買い集め、殆んどの日曜日、少なくとも月一回は家族のもとまで通うのであった。

東京の知人から細いツテを求めて、秩父市内、更には、三峯山に近い村山という所まで買出しに行くこともあった。村山へは、ハイキングに行くように二里以上の山道を、家族揃って歩いていった。山里のあまりののどかさに一時は戦争中であることを忘れるのであった。

八、終戦

生活が二重になると、やはり生活費がかさんだ。

新太郎はS社を辞め田川という友人と二人で「共立無線」という小さな会社を起こした。堀切菖蒲園にあった元幼稚園を買取り、ここに機械を据え工員十人程を集めた。アルミ箔を材料としてコンデンサーなどの通信器用の部品を作る工場を作ったのだった。軍需品でもあり、材料の確保、生産、販売は順調にすすみ、生活に必要充分な費用を稼ぎ出した。

十一月、テニヤンが米軍の手に陥ちると、高度一万米の高速爆撃機B29が出現し、殆んど連日、昼夜のわかちなく飛来するようになった。東京の街は少しづつ、破壊されていった。「ザーッ」という夕立の時のような焼夷弾が落ちてくるときの音も聞いた。大震災の時のように破壊された建物、焼けこげた死体の山、折れた電信柱、たれ下った電線、煙のため真黒な顔をした人々、そんな中を工場まで通った。撃墜されたB29が頭上に落ちてくる恐怖も経験した。真青に澄みきった秋空高く何本かの真白い糸をつけた縫い針が同じ方向に投げられたようにB29の編隊が現れてくる。針先が光るようにB29が、ときおりピカッと光った。白い糸は、点のように見える飛行機を先頭にして、直線となって青空の中をぐんぐんと延びて、頭上を横切っていった。糸のような飛行機雲は、鋭い直線からやがて次第に鈍い面にひろがっていった。その光景は見事な程に美しかった。

　秩父の寒さは厳しかった。気温は東京より、二、三度低い。旅館を出て駅から五分程離れた農家屋を借りた。解放的なこの家の中を凍てつくような、秩父オロシが通りぬけて行った。

　水は、家から二、三分の距離にある共同井戸まで、桶をもってくみに行った。この辺りでは川のように上水が部落の間を結んで流れていた。人家の集中する辻などに水を貯めるマスのような取り口が出来ていた。水は流されていたが、コンクリートで出来た取り口の周囲は、木枯がふき始めると日中でも厚い氷が溶けずに張っていてよく滑った。かぶのように丸い大根の漬物は、いつ取り出してみても、すぐには包丁が立たない程、カチカチに凍っていた。

一才になったばかりの正治は、風邪をこじらせて、咳ばかりしていた。年があけると長男の中学を、いずこかに決めなければならなかった。父と長男だけが東京で暮らすことが結論になった。

昭和二十年二月二十二日、その下調べのため三男を背負った栄子と長男が、滝野川の父のもとをたずねることになった。切符の購入も中々難しくなってきていた。東京に着くと、夕方から降り始めた雪は珍しく、大雪になった。深夜、空襲警報のサイレンが鳴った。雪が降りつもった防空壕の中に避難する気持が起きなかった。息を殺して布団の中にじっとしていた。爆音が近づいてきた。しばらくすると、すさまじい爆発音が鳴りひびいた。この夜は珍しく、焼夷弾でなく、爆弾投下が主体だった。四粁程離れた日暮里か荒川あたりが爆撃されているらしく、爆弾が炸裂するたびにズシーン、ズシーンという重い地響きが連続的に枕の下から湧き上ってきた。雪でぼんやり明るく見える障子が、はっきりと目にみえる程、ビリビリとふるえた。十分もたったろうか、やがてもとの静寂さが戻ってきた。三時間後に警報は解除された。

三月十日の東京大空襲直後、迎えに来てくれた新太郎と共に受験のために長男は再び上京した。雪の日に泊った滝野川の家は、あの直後の空襲で焼けてしまっていた。父は一時小伝馬町に身を寄せたのち、ようやく上野桜木町に借家をみつけて、ここに落着いたばかりの時であった。

撃墜されながら助かって、今原隊に帰ろうとするのであろうか、人ごみの中に飛行服のままの軍人がいた。多数の憲兵がごった返す上野駅構内の群衆を整理していた。普段と違う混雑振りであった。国電で一駅、鶯谷駅の改札を出て、駅前の高台に出てみると、国鉄の線路から、十粁程先の荒川まで視界をさえぎるもののない一面の焼けのが原が新太郎の目に飛び込んできた。新太郎が出かける前に目にした風景は殆んどどこにもなかった。ビルの原形を認識出来たのは松坂屋デパートのみであった。震災を知る新太郎にとってさえ、それは想像を越えた強烈な風景だった。

二人は爆撃の跡が未だ生々しく残っている両大師の前を通ってまるで別世界に思われる焼け残った街の一角まで歩いていった。

その夜、新太郎は、長男を東京でなく疎開先の中学校に進めることを決めた。

五月二十五日の空襲で千鳥町の家が焼けた。それを知人からの電報で知った栄子は再び上京した。交通機関があちこち途絶してしまった東京の街を徒歩でつないでいった。自分の目で吾が家の様子を確かめるまではどうしても信ずることが出来ないのであった。

どうしても、焼跡まで行かずにはいられなかった。やっとたどりついた彼女がそこに見たものは跡形なく消えてしまった吾が家の残骸と今はむなしく焼け残った、三本の桜と道路とをへだてている塀のみであった。隣家の人は二発の焼夷弾が家屋を直撃したのを見たといった。

深夜くたびれ果てて、子供達のもとにもどってきた栄子は、「今日焼けるか、明日焼けるか毎日毎日気をもんでいたけれど、これでもう、その心配はなくなった。かえって、サッパリした。」といって笑ってみせた。しかし時間がたつにつれその後暫らくの間は、半生をもぎとられてしまったような深い悲しみと、心痛を味わい、それに耐えねばならなかった。

この頃硫黄島が、米軍の手に落ちた。秩父市でもグラマンの機銃弾で死者が出たりした。その機銃の音は、村で聞いてもすさまじかった。

長男は、埼玉県立秩父農林学校に、次男は村の影森国民学校に入学した。

四月、沖縄が潰滅した。

五月、ドイツが降伏した。

空襲は地方都市にも及び、七月十二日宇都宮市内、八月五日前橋市が焼けた。

八月六日広島に、八月九日長崎に原爆が投下された。

八月八日、ソ連が満州になだれ込んできた。

八月十四日熊谷市が焼けた。その火で、朝までピンク色に染まりつづけた夜空を、秩父の人達はいつまでも眺めていた。

昭和二十年八月十五日の正午、暑いさかりの庄屋の庭に集められた三十人程の直立して頭をたれた村の人々の耳に、ラジオから天皇陛下の声が聞こえてきた。集った村の人々の中に栄子達もいた。

「朕深く世界の大勢と帝国の現状とに鑑み、非常の措置を以って時局を収拾せむと欲し、茲に忠良なる爾臣民に告ぐ。」

初めて聞く、声であった。こまかくふるえ抑揚を欠いた声は、とぎれなくいつまでも続くように思われた。

「しかれども朕は時運の赴くところ、耐え難きを耐え、忍びがたきを忍び……。」

そこだけが妙に明瞭に聞えた。不明瞭ではあったが、どうも戦争は終ったらしく思われた。やがて敗けたということが現実のものとなった。この先、どんなことが待ちうけているのかも知れない。しかし、ともかく、もう戦争は終った！　まさか終るとは信じられなかった戦争は終った。栄子は心の底から、これまで彼女が味わったことのないような喜びがふつふつと湧き上ってくるのを抑えることが出来なかった。

「さあ、これで東京に帰れるのだわ。もうここの生活を打ち切って、明日にでも東京に帰れるのだわ。」

彼女は心の中で快哉を叫んでいた。

四　帰京

一、上野桜木町

戦争が終ったとなれば、その日の中にでも帰京したかったが、実際にはそうもいかなかった。夏休みが終わり新学期が始まってから間もなく、秩父を引き上げることになった。急なことで、転校の手続きをするほどの暇もなかった。

転居先は、上野桜木町、谷中警察署裏手のお屋敷街の中の立派な一軒家であった。焼け出された者達が疎開によって空家になった家屋にすみ込むことは一種の権利と考えられていた。またそれがこれらの家を戦火から守る役目も果しているようなところがあった。もともとこの家は、そのようにして南雲彦造が借りていたところへ、滝野川を焼け出された新太郎と甥がころがり込んだというのが、いきさつであった。戦争が終ってみると、借家人の権利は急に弱くなった。

大家との交渉など必要な手続きが済み、やっと家族の受入れの条件がととのったのであった。

　長女は上野にあった都立竹台高女へ、長男は三月に一応願書を出したことのある中里の聖学院中学に、次男は下谷区立根岸小学校に転入学した。

　翌春、早々、大家の都合で転居を迫られ、同じ大家の斡旋する借家に移った。新しい借家は栄子の生家とは目と鼻の先、お行の松に近いところにあった。下谷病院の裏手にあたり、有名な文明堂商店と同じ街区にあった。三坪程の狭い庭をもつ二階家で、ここも、まるまる一軒を借りる訳にはいかなかった。二階には望月吉三衛門というＮＨＫラジオに出る有名なつづみの師匠と、その愛妾が住んでいた。愛妾は「大和屋」という芸者の置屋をやっていた。ぽんた、姫奴などという源氏名をもつ、四、五名の芸者が入れかわりたちかわり、この二階に出入りしていた。

　この「大和屋」のお女将と栄子とは、偶々栄子の娘時代の顔馴みであった。「まあ、お姐さん」「まあ、お栄ちゃんじゃない。」奇遇を喜びあったが、同居するとなると反って、気を使う面も多かった。焼け残った市街地から一歩外に踏み出せば、そこには、一面の焼野ヶ原が広がっていた。形骸だけのビル、倉庫などが地上に無残な姿をさらす他は、瓦礫の山と、防空壕を利用したトタンぶきのバラックが点々と地面にへばりついているのであった。

　縁の下をもち瓦屋根をふいた、本格的な家に住めるというだけで有難いことであった。栄子はしかし、引き越してきてからすぐ附近に土地をさがし始めていた。どんなに小さくとも、家族水いらずで住める自分達だけの家を作ろうと決心していた。彼女は附近を精力的に歩き聞いて、そこから一粁程離れた上根岸に四十坪程の土地を借りることが出来た。区役所にお百度を踏み、戦災者用の材木の配給をうけることが決まり、どうにか家の建つ目処が立った。

　食料始め、物資はむしろより不足勝ちであったが、サイレンで夜起こされること無く、手足をのばして寝られるだけでも、戦後の解放感は何物にも、かえがたかった。

　戦争が終るやいなや、除隊した人達などが早速盛り場で闇市を開いた。街には、活気が出始めていた。

　上野の地下道には、多くの職を失った人や、両親を失った戦災孤児がねぐらを求めてたむろしていた。夜には、丸太が並べられているように、彼等が、体を寄せ合って並んで寝ていた。寒い夜には、その中何人かが凍死した。

　浅草まで出ると六区には、屋台がずらりと並び、海草で作ったソバとか、さつま芋で作ったまんじゅうなどが売られていた。騒々しく、雑然としていたが、まるで縁日のような活気があった。

浅草、龍泉寺など殆んど完全に焼けてしまっていたが、鶯谷駅から坂本の電車通り、下谷病院周辺、根岸の柳通り、映画街のある浅草六区など、栄子がかつて馴み親しんだ場所の多くは不思議に焼け残った。街のたたずまいは昔そのままであった。彼女にとっては故郷に帰ってきたのと同じであった。たまの日曜など、暇が出来ると、中学二年になったばかりの長男を用心棒として、出歩くことがあった。バスに乗れば十分で浅草に着く、そこでは戦争で長く見ることの出来なかった外国映画を再び見ることが出来るようになっていた。

「今日見た『うたかたの恋』は戦前に撮った写真なの？『うたかた』ってなんの意味？そうかなあ……シャルル・ボワイエってオヤジに似てるかなあ……。それよりダニエル・ダリューって、ものすごくキレイだねえ。ねぇ、母さん。」

いつまでも幼い子供だとばかり思っていた我が子が、いつの間にか、大人への入り口にさしかかっているのに気付いて改めて驚くのであった。気付かないうちにこのところ急に背丈ものびていた。子供達はこうしていつか一人前になって行く、今はまるで頼りない童顔の長男が、ほんの三、四年の後には高校生になっている筈だが、そうなっても、果してこうして自分と一緒に肩を並べて歩くことがあるだろうか。そんな風に思って、もう一度長男を見直すと何故か自然に微笑がこみ上げてくるのであった。

二、新しい家

新しい家の建築が始まった。彼女にとってそれは初めての経験であった。前の年の暮から体の不調を自覚した栄子は、それが妊娠によるものと知った。産むことは出来なかった。掻把手術を受けたが、その後下腹部に厭な痛みが残っていた。人に推められて、お灸を受けもしたが、今年に入ってからもずっと体の不調感が続いていた。すっきりしなかった。

四月初め、新しい隣近所のつき合いが始まる中で、特に親しくなった母子家庭の家の長男が急死した。千葉医大の二年生であったが、徹夜の試験勉強が栄養失調の体を一気に消耗したのであろうか。翌朝登校途中の鶯谷駅のベンチで電車を待つ間に倒れた。

父も戦死で失った貧しい家計の中から、長男を大学に通わせるのは大変なことであったが、出来の良いこの長男が、この一家の杖でもあり希望であり、誇りでもあった。母親は半狂乱になった。やがて、激しい興奮が去ると虚脱して半病人のようになってしまった。近隣の人のようにはこの母親を放っておけなかった。彼女に替って、栄子は殆んど、吾がことのように、野辺の送りをすますまでをとりしきった。栄子は、このうちひしがれた彼女を慰めるのであった。

初七日がすみ、張りつめていた神経がほっとゆるんだ。その頃から、栄子は、以前より体のだるさが増していることに気付いた。午後になると、けだるく、微熱も出るようであった。単なる疲れにしては回復しなかった。しかし、休む訳にはいかなかった。家は少しづつ、完成しつつあった。六畳、三畳、二畳、台所といった僅か十坪一寸の小さな家であったが、本格的な土台と柱と屋根のある自分達の家ではあった。職人気質を知る彼女は、せめて、お茶と感謝の気持だけでも運ばなければならないと考えて、現場まで、日参するのであった。

五月初め、家は完成した。石垣で塀を作り、三井の兄が十数本の庭木をそれらしく植えてくれるとさわやかな庭が出来た。

栄子は、しかし引き越してすぐ、玄関脇の三畳の間に臥床することになってしまった。走り続けてきたマラソンランナーが精も根もつきはてて倒れるのに似ていた。彼女はかつて、お産以外に臥床することを知らなかった。障子を開けて、出来たばかりの庭を眺めていると、過してきた半生、風物が、それに重なって、見えてくるような気がした。中野高根町の庭、中里の木村家の庭、焼けてしまった調布の庭。それぞれの庭に現われてくる親しい人々の姿を幻の如くに見るのだった。幼い頃の子供達の姿もあった。

臥床するようになって間もなく、突然栄子は新太郎に墓地を買ってくれとせがんだ。

「もし、私が死ぬようなことがあったら、タカコと一緒に新しいお墓に入れて下さいネ。お父さんのことじゃあ、また小伝馬町のお寺に入れるのでしょうが、それは厭なの。父母が眠っている谷中の頤神院にして下さい。他のことはともかく、この我儘だけは聞いて下さい。すぐ買ってきて。」

「馬鹿をいえ」

新太郎は言下に否定してみたが、それが彼女のたっての望みであるのが判ったので希望通り、頤神院に一区画の墓地を買い求めた。彼女はそれを確認して、安心したようであった。

近所の医師が毎日、往診に来たが、病状は軽快しなかった。その医師の要求する薬を八方手をつくして、さがし求めた。食料はもとより、全てのものが欠乏していた。医薬品も例外ではなかった。やっと手に入れることの出来たアミノピリンで午後、出てくる熱を下げる程度の治療しか出来なかった。

　三井の兄は、戦災で祖父から贈られた刀とともに団子坂の家を失い、この頃すでに中里に転居していた。日展の審査員の要職にあった関係からか、こんな妹の病状をみると、知人を介してすぐに東大病院に入院する手はずを調えた。一般内科にベッドがなく、やっと物療内科に無理にベッドを見つけてもらったのだった。

　新太郎は、きれいずきな栄子が久しく風呂に入っていないのを気にしていた。内風呂を作るまで、手がまわらなかった。街でみかけた、ドラムカンを改造した五ェ門風呂を買ってきた。大陸などの戦地で兵隊の知恵が作り出したものであった。建物の裏手につづけてコンクリートの土間を広げ、板囲いをした三坪程の炊事場を作ってあったので、それをコンクリートの土間に置いた。

　すっかり肉の落ちた栄子をだきかかえ、手をそえて、風呂に入れてやった。栄子は踏み台をしても一人でドラムカンをまたぐことは出来なかった。肌は真白く、すき透るようにみずみずしかった。その肌をていねいに洗ってやった。

　風呂から上がった栄子は洗い髪をタオルで包み、床の上にぐったりとして横になった。

口を効く元気さえ、失ったようであったが、頬には久し振りで紅がさし、心から満足しているようにみえた。

彼女がこの風呂に入ったのは、この一度だけであった。

翌日、東大病院に入院した。病室は物療内科二階、西側の二人部屋に決った。つきそいには女学校五年になる長女が学校を休んでついて行った。この家に引き越してきて未だ二ヶ月とたっていない六月中旬のことであった。

三、東大病院

病名はにわかには定まらなかった。

東大病院でさえ、患者が使う薬品も家族がさがして来なければならない場合があった。「栄養注射として、ブドウ糖があれば」といわれて、薬局をやっている長男の友人の店からやっと、手に入れることが出来た。

貴重な注射をしても、病気は一向に改善しているようには見えなかった。彼女はひそかに死を思うようであった。静脈注射針が彼女の細い血管を掴えることは中々難しかった。針が同じ所に何度も繰り返し、刺されたが、彼女は一度として痛みを訴えたことが無かった。注射に限らず、身体の苦痛を訴えなかった。七月に入って、舌に難治性の潰瘍が出来た。ただでさえ失われていた食欲が更に失われた。

この潰瘍によって始めて、病気の本体は、結核と知れた。

米国から譲られた、ペニシリン二本を、主治医が栄子に使ってくれた。チャーチル英国首相を助けたペニシリンは、戦後一年の敗戦国の庶民には、入手困難な望むべくもない貴重品であった。しかし、奇蹟が起きたようには、見えなかった。

病名も知れて、いくらか快方に向いつつあるという主治医の報告にやっと、家族の愁眉が開きかけたのは、入院一ヶ月を経た頃であった。

七月十八日、よく晴れた昼下り、留守宅に見覚えのない一人の老人が尋ねてきた。家には試験休みで弘基がいた。この老人は病院でつきそいをしている長女からの使いで、病院の職員であった。電報のかわりに彼は子供達の母の命があと数時間しかもたないのだと伝えにきたのであった。晴天の霹靂とはこのことのように思われた。長男が会社に電話をかけると、新太郎はその由を三井、小伝馬町などに電話連絡し、夕方になったら弟達をつれて、病院に行くようにといった。その際、停電燈を病室に持参するよう命じることも忘れなかった。

日のすっかり落ちるまで、病室は明るかったが、夜になると毎晩のように長い停電があった。とたんに廊下の灯が消えて、病室は真の闇になった。病人にとってはどんな小さなものでも明かりがあれば、それは生命への希望の灯になるはずであった。

新太郎は頼んでおいた停電燈が、やっと手に入ったのを、充電の目的で二、三日自宅に置いたままにしているのを気にしていたのであった。この停電燈というのは一見ウイスキーの角びん程の大きさの木箱のように見えた。内部にバッテリーを満たした充電装置と、箱の上部に銀箔を張った反射盤と、その中心に豆電球をもった発光装置とで出来ていた。充電式の懐中電灯といったような簡単な道具であったが、こんなものでも、おいそれとは手に入らないのであった。

夕方、胸にこの停電燈をかかえ、二人の弟を連れて、長男が母の病室に入って行くと、母はめざとく彼等を見つけて、うれしそうに笑った。病室には新太郎の弟、妹夫婦も来ていた。

「まあ、今日は皆んなで来たの。暑くて疲れたでしょう。大変だったわね。秀ちゃん、いつもお留守番、ごくろうさんね。でも弘ちゃん。病院には子供達は連れて来てはいけないと、いつも云っているじゃない。弟達に悪い病気がうつるといけないでしょう。今日だけよ。でも、皆んなにはずい分逢わなかったわね。さあ、こっちへいらっしゃい。お母さんもうれしいわよ。」

おずおずと近づいた次男の頭をなぜた。三才になった正治は、よほど母が恋しいのだ

ろう、何度制せられても、ベッドの上に上ろうとした。長男が枕頭台の上に、停電燈を置くと、

「まあ、それが停電燈なの。うれしいわ。今夜から、停電があっても、もう大丈夫ね。」

子供達だけでなく、この日に限っていつになく、見舞の者が多いのを、さすがにいぶかしく思わずにいられなかったのだろう、見舞客が帰ると、つきそいの長女に
「一体、今日はどうしたの？……。いやあねぇ、私の臨終みたいじゃない。先生がそうおっしゃったのなら教えて頂戴。」

と云った。長女は言下に否定した。


病室に残ったごく親しい少数の親戚の者、家族も、主治医の宣告は、間違いに決まっていると思った。病人の上に普段と変った点を何ひとつ見つけることは出来なかった。昨日と同じ時間が流れて行くように思えた。

珍しく停電がなかった。消燈時間がきたが、この部屋だけは点燈されたままであった。看護婦が時々出入りした。


全部の見舞い客が引きあげた午后十時を過ぎる頃病人が、

「奈落の底に引き込まれるようだわ。」

と感覚の変化を訴え始めた。脈の数が多く、弱くなった。時間とともに異常な感覚は次第に増してくるようであった。

「お父さん、私は死ぬのね。判るわ。もうあまり時間がないみたいね。お父さんとは、長い間には、色々なことがあったわねぇ、私はお父さんと一緒になって幸せだったわ。本当よ。お風呂に入れてもらったときは、うれしかった。元気になったら、沢山、恩返しをして上げようと思っていたんだけれど、それが出来なくなって、残念だわ。私は、お父さんには、可愛いい奥さんではなかったかも知れないわね。足りなかったところは勘弁して下さいね。今度はもっと、やさしい良い奥さんをもらって下さい。私に遠慮はいらないわ。ただ、子供達のことを、どうかよろしくお願いしますね。」

新太郎は、妻の手をとって、元気を出すよう励ました。医師の云った予測が無気味な現実となりつつあることに戦慄する思いであった。

こうなるずっと以前から栄子はすでに覚悟を決めていたのだろう。少しもとりみだすところがなく落着いていた。長女には、長い看病への労いと、女としての最後の忠告を、長男には、兄弟の面倒をみるべきことを全く普段の母親の口調で伝えるのであった。

十二時頃まで起きていた。小さい二人の息子達は、補助ベッドの上で犬の子のように眠っていた。

時刻は午前一時をすぎた。重苦しい沈黙の時間が過ぎていった。

「お父さん、もう目が見えなくなってきたわ。皆んなの顔も判らない。もう何も見えない。真っ暗よ。何も見えないわ。」

そう訴えてから、暫らくして、彼女は沈黙を破って、再び口を開いた。

「耳が聞こえなくなってきたわ。皆んなの声が、とても遠くに聞こえるの。もう、お別れが近いわ。さあ、手を握って頂戴。ああ、お父さんの手ね。お姉ちゃん、弘ちゃんね。どうか、皆んな元気で仲良くしてね。お父さんはお酒を飲みすぎて、子供達を困らせないでね。お姉ちゃん、弘ちゃん、下の弟達の面倒をみて頂戴ね。もうさようならをしなくっちゃあ……。」

子供達は心の中で必死に母に呼びかけたが、しかし声を立てることは出来ずに、ひたすら母の手を握るばかりであった。この母の手のかすかな温もりさえ次第に失われて行くのであった。

彼女は再び口を開くことはなかった。

午前二時過ぎ、彼女は静かに息をひきとった。表情は安らかに、美しくみえた。

新太郎と長男は、遺体に別れを告げると、一緒に病室を出た。廊下のはじにソファを置いただけの待合室があった。そこまで歩いて行った。

弘基が窓から外を眺めると、地上の影と見分けのつかぬ夜空だけが、どこまでも広がっていた。星が無数に散っていた。所在なく、空ばかりを凝視している中に、いつか星は光を失い、夜空の濃紺色は、紺色に変っていった。

やがて朝の光が、シルエットに過ぎなかった構内のレンガ造りの大学の建物を細部までくっきりと、弁別出来るまでに照射しながら、みるみる明るさを増して行った。彼は刻一刻と変って行くその朝の光の変化を、生れて初めて見るもののように感じていた。構内の立木の緑に朝つゆがキラキラと反射しているのが見えた。今日もまた、いかにも暑くなりそうであった。

新太郎は妻に死なれて初めて、これまで彼女が背負ってきたものの大きさに思いいたった。今さらのように、その死が悔やまれてくるのだった。

五　終章

一、三十三回忌

回向の人達に水をうたれた白い御影石の墓石は、しっとりと夏の光を照り返していた。

墓石の一つの側面には「賢誉智栄大姉」「釋智隆童女」の二つの戒名が並んで彫られていた。

墓の後には三十三回忌、昭和五十四年の文字のある真新しい卒塔婆が数本立てられていた。

墓前には色花が供えられ、線香の煙がゆっくりとたちのぼっていた。

周辺が殆んど寺ばかりのこの墓地には都心を忘れさせるような静寂さがあった。

次々に墓前に手を合わせたあと、法要に連なる十二、三人の身内ばかりの人達は、墓石の間の長い敷石の上を、殆んど一列になって本堂に向けて戻っていった。

「暑いねぇ。」

誰に云うともなく、秀次がつぶやいた。

「あれから、三十三年か。早いねぇ。母さんが死んだのも、こんな日だったんだろうかねぇ。」

「そうだねぇ。でも正確には朝だったからね。お前は小学校の二年生だったろう。起こしてくれなかったといって、お前には毎年のように責められるけれど、なにしろ夜明けに近い時刻だったからね。」

と弘基が答えた。

道は庫裏に沿った道にぶつかる。左手奥には、この墓地では立派な三井家の墓がある。右手に折れると建物の切れるあたりに、境内と墓地とを区切る高い塀にはさまれた門がある。秀次はそこに、空になった手桶を置いた。庫裏の座敷の開け放たれた窓、玄関、植込みの前を通って、庫裏に続く本堂の玄関の前に出た。四段ある高い式台で靴をぬぎ本堂脇の控の間に上った。二十畳程の大広間に座卓が並んでいた。全員が思い思いの場所に座った。十年程前に建てかえられた本堂は、広さ、暗さ、部屋を通りぬけるどこか冷たい風、寺に特有の香りなど三十三年前と少しも変っていないように感じられるのあった。

法要の始まる約束の時間には、まだ少し間があったが、玄関口に長身の姿を見せたのは、珍しくも、故人の甥にあたる木村正であった。戦后の一時期、父母が疎開したまま山形にひき込んでいたために、本人が大学生の頃、下宿がわりに、桜木町で新太郎の家族と暮らしていたことがある。その後、三井家の葬式の際に会う程度で、殆んど交流が跡絶えていた。永く化粧品会社に勤めたあと、装身具関係の販売会社をおこし、それで生計を立てていた。事業は順調にいっているようであった。上から下まですきのない都会的な雰囲気を身につけていた。

五十を過ぎても、もち前の如才のなさ、人なつこい笑顔は変っていなかった。新太郎の子供達は一斉に喚声を挙げた。

一通りの挨拶がすむと、長女が彼に向って、故人の孫達を一人づつ紹介し始めた。

「これが、うちの長男の『肇』君。隣は、次男の『啓之』君。長男は東大工学部の大学院、博士課程の二年生、次男は信州大学医学部三年生、再来年は卒業予定。二人とも身長一米八十糎、柄ばかりこんなに大きくなって、まだ、スネかじり。

こっちのお嬢さんは、弘ちゃんちの一人娘の『美貴』ちゃん。名づけ親はこの私。来年はいよいよ高校生。このお嬢さんは秀ちゃんちの長女『直子』ちゃん。同じく長男の『茂』君。茂君は、中学一年生。直ちゃんは小学校二年生。さて、しんがりは、正ちゃんちの一人娘『絵理』ちゃん。同じく小学校二年生。以上六人がおじいちゃんの孫の全て。こうしてみると、孫が少ないわねぇ。柿沢姓を名のる男子は茂君一人。」

「いやあ、暫らく逢わなかった間に、皆んなすっかり大人になっちゃって。子供達も、こんなに立派に育ってねぇ。女の子は、みんな美人揃いじゃない。お栄ちゃんが生きていたら、……いや、母が調布のおばさんのことを、いつもそう呼んでいたもんだから、つい出ちゃった。皆んなの姿をみたら、どんなに喜んだろうになぁ。それにしても、三井家はどちらかというと、早死の家系だねぇ。栄子おばさんが四十二才、三井のおじさんが五十九才、一番長生きしたうちの母が六十九才だもんね。三井のおじさんも芸術院賞をとって、死ぬ前には美校の教授になるかという話もあったそうだけど、本当にこれからというときに倒れちまったんだからねぇ。惜しかったねぇ。「至芸院彫琢自在居士」なんぞという立派な戒名をもらっても、何んにもならないもんねぇ。賞といえば徳子ちゃんの旦那さんも、大河内賞だけでなく、この前は学士院賞まで、とって大したもんだねぇ。あれはたしか昭和四十一年でしたね。一族の中で、一度に科学と芸術とで、院賞をとったというのは。稀有なことだょ。

　それから、小伝馬町の『柿沢弘治』さん、参議院議員になって、今度は衆議院に鞍替えするとか聞いているけど、彼も大したものですねぇ。東大出の大蔵省のエリート官僚が、未だ若い中に現役から政界に飛び出して成功したなんてことは、前代未聞のことではないですか。生きていれば、意外というか、思いがけない、うれしいこともいろいろ出てくるのにねぇ。

　ここんちの弘ちゃんも頑張ったねぇ。弘ちゃんは、ウチのオフクロが倒れたとき、吉祥寺の家まで、何度かきてくれてね……。脈とってもらって、えらく喜んでね。これで、お栄ちゃんにいいみやげ話が出来るといってね。本当に死ぬまで喜んでいたよ。」

「いいから、正さん、そんなお世辞いわなくて。木村のおばさんには色々思い出があるけれど、やはり一番の思い出は、山形での銀シャリだなあ。戦后の最初の冬休み、正さんが帰省するのにくっついて、夜行で山形まで行ったことがあったでしょう。汽車がひどく混んでいてねぇ。一ヶ月位だったかなあ。お米だけの御飯を毎日食べさせてもらってね。東京の家族皆んなにも食べさせてやりたいなあなんて思いながら腹一杯食ったなあ。結局、おふくろはこんなに豊かな生活があの後すぐ来るなんて夢にも思えない、ほんとにひどい時期に死んじまったんだなあ。満足な米のめしも食わずにね……。あの山形の銀シャリを一度でいいから、食わせたかった。」

「おばさんは本当に子煩悩だったもんねえ。あの銀シャリを弘ちゃんが食べるところにおばさんの喜びがあったのさ。」

　彼は向いに座り聞き役にまわっていた秀次に視線を移すと、

「秀ちゃん、貫禄ついたねぇ。一流企業の中のこと、僕も隅まで知っているけど……。まあ、それが嫌で辞めたようなものだけど……。人間関係が大変だからねぇ。秀ちゃんも、よくここまでやってきたよ。エライよ。誰も判らなくても、秀ちゃんのことは、おばさんがしっかり見ているんだからね……。頑張れよ。」

「サラリーマンの苦労は、やはりサラリーマンでないと判ってもらえませんよネ。正さんにそう云ってもらうとうれしいですよ。」

　あちこちで話がはずんだ。笑い声が混った。

　住職の弟子であろう、若い僧が部屋に入って来た。彼は、一同を隣室の本堂へと招じ入れた。間もなく金色の袈裟をかけた住職が入って来た。簡単な挨拶を済ませ祭壇の正面の席に座った。鐘が鳴り、よく澄んだ読経の声が、単調な木魚の音とともに、次第に力強く本堂にひびき始めた。

新太郎は静かに目を閉じた。単調な読経の声は、彼の脳裏にさまざまな思い出を浮かび上らせてくるのであった。

栄子が死んでからの三十三年の間には、実にいろいろのことがあった。再婚。後妻との間の子の出生。キティ台風で工場が水没、会社倒産、失業。経済的困窮。家を差し押えられそうになったこと。もう一歩で一家離散というギリギリの瀬戸際まで追いつめられたこともあった。家庭の中に波風が立たなかったということはない。友人の商店の顧問などを転々。小西東大教授との知遇、その紹介で中野伸銅への再就職。そうした中で、長女は地方裁判所の書記官となり、家計を助けてくれるようになった。そして結婚。

その後都立高校に移った長男は自分で学費をかせぎながら医者になった。他の息子達も、一人前になるまでには、ハラハラさせられることも多かったが、どうやら曲らずに成人した。次男は大学を、三男は高校を卒業し、それぞれの道を選んだ。あの貧乏世帯の中、多感な年代の子供達がよくここまで、無事に成人してこられたものだとむしろ不思議なことのようにさえ思われてくるのであった。

そのことを可能にしたもの、それこそ妻が、それぞれに残していった目に見えない遺産ではなかったのか……。誰もそれを気付いていなくても、栄子は、自分の心の中にも、それぞれの子供達の心の中にも、生きている……。今の彼には、そのことが素直に信じられるように思われるのであった

読経の声がやんだ。

「どうぞ御焼香を」という住職の声が聞えた。新太郎は夢から醒めたように我にかえった。住職に深く頭を下げた。ついで、体の位置を半回転させて、出席者の方に向って頭を下げた。それから、立ち上り、ゆっくりと祭壇の前に歩いて行った。

――あとがき――

何時だったか、吾々子供達の知らない、吾が家の歴史など、暇な折に書きとめておいてくれるよう、父に頼んだことがあった。暫らくして、それを父は、二編の原稿にまとめてくれた。一編は、柿沢村に始まる家の歴史、もう一編父母の半世紀といったものであった。

一読、大変興味深いものがあった。

その折角の手記を手もとに保管しているが、そのことが心苦しい。読みやすいように清書し、コピーして配ろうと考えたが、おぼろげな自分の記憶をも加えて、いっそ一つにまとめて書きあらためてみることにした。しかし、出来上ったものをみると、意に反して不満足なものしか出来なかった。また、記述した内容に間違いがあるかもしれない。その責は、すべて筆者にある。

「文は人なり。」反って、原文の持ち味を損ったことを怖れている。

私は父の文章が好きだ。
趣味で書いているだけだが、私には誰かに読ませたいと思うに足る文章だと思っている。

父は苦労の連続だった人生を笑い飛ばしながら人のために一生懸命生きてきた。趣味もなく仕事と家族、親戚のためだけに時間を使った人生だった。終活を始めた父を見て、活字に残す事を生きている間に見せたいと思った。絶対に父より元気で長生きすると思っていた母も、一人では生活出来ない状態にあり、年上の父がスーパーフォローしている姿を見て母を心から羨ましいと思った。父は、苦労した分だけ、誰にでも、どんな人にも優しいのだと思う。お世辞も言えず、毒舌だが、根はとっても優しい。

父の教えは、単細胞に単純に育った私に両面からの検証を強要した。

人間関係もしかり。その教えは、本当にためになっている。


私は父の娘に生まれてこられた事を心から幸せに思っている。

今まで本当にお疲れさま。本当にありがとう。

もう少しだけ、ゆったりして穏やかに最期の時間を自分の我儘に使ってもらいたいなっ。


私が今、生きている事が、祖父の人生の奇跡と繋がっている事実。

先祖への敬意と感謝を込めて、この出版を決めました。その背中を押してくださった友であり、人生の先輩でもある山岡様にこの場をお借りしてお礼をお伝えさせてください。

二〇二二年七月七日

柿沢　美貴

別盃の歌

―文　芸―

別盃の歌

一　サクラチル

線路を隔てたプラットホームと、その屋根とに切りとられた公園の景色が車窓の中に、入ってきた。受験からの解放感を味いたい気分があったのだろう。ふいに、目の覚めるような満開の桜を見たいという願望に囚われた。背後で扉が開いた。乗降客の足音、プラットホームのざわめき、アナウンスの声などがまざりあって聞こえてくる。閉じられたままの窓ガラスに顔を寄せ、静止した森に目を凝らした。森はとりどりの新緑に彩られ始めていた。立木の中に混ざり、散り遅れた僅かな桜の花が申し訳程度に残されている。軽い失望感を味わった。

「あら尊《とうと》　音もたてずに　散る桜」

唐突に、ひとつの歌が浮かんできた。

電車が動き始める前に、戦時中の首相だった東条英機陸軍大将の名前にたどりつけた。この短い文言のうちに彼の無念さ、覚悟とがあまりに素直に詠みこめられていたため、きづかぬうちに、記憶に残ったのだろう。極東軍事裁判結審直前、色紙の上に書き残したものだという。彼の容姿、声とともに

「我ゆくも　またこの土にかえり来ん　国に酬ゆる

ことの足らねば」

という辞世の句までが思い出された。

彼を含む多数の戦争犯罪人が絞首刑などの極刑に罰せられてから、僅か一年半の後、朝鮮半島で「戦争」が勃発した。米ソが対立している。米国の原爆投下、ソ連の条約無視の対立参戦……　彼等に人を裁くことが許されたのだろうか。どうも釈然としない。軍備をとりあげた米国は再び日本に「警察予備隊」という名の軍隊を創設した。不況のせいか応募者が殺到した。

連合軍最高司令官マッカーサー元帥が米国大統領により、電撃的にその任を解かれたのは数日前のことだ。この衝撃的ニュースが、僕に「因果応報」、「栄枯盛衰」などという古めかしい言葉を思いおこさせた。下山事件など黒い影を持つ一連のさまざまな事件にも思いが及んだ。柄にもなく、中途半端で未熟な歴史評論家になりかけた頃、電車は目的の駅にすべり込んだ。

たちまち現実にひきもどされた僕は、評論家の立場を投げ捨て、甦ってきた不安を胸に、ホームの上に降りた。改札を抜け、高架線下につくられた薄暗い駅舎から明るい歩道の上に出る。GHQ、GINZA AVE などと横文字で書かれた道路標識がいかにも多いのに気づく。出勤時間はとうに過ぎたはずだが、人出は意外に多い。日劇地下劇場入口近くには映画を見ようとする人達が

並んでいた。雑踏の中を抜け表の電車通りに出た。停留所には、陽をあびて電車を待ついくつもの人影があった。何台かの自動車をやりすごし、車道を横切り、路面と10センチ程の段差のある停留所の上に立った。

身体の向きを変えると、日劇の白い大壁が目の中にとびこんできた。

表通りに接する部分の壁は、円筒の側面のようなゆったりした曲面をもち、天辺近く、いくつもの丸窓が、横一列に穿たれている。正面入り口に掲げられている公演中のレビューの大看板と、建物の脇につり下げられた最上階の小劇場で上演されるストリップショーの小さな看板とが、通行人の頭越しに見える。右手の新聞社ビルとでつくりだす風景は昔とまるでかわっていない。この劇場は、戦争末期、工場として使われた時期がある。

この辺りから銀座にかけ、白昼、手ひどい空襲を受けたはずだが、もはやその痕跡を見つけることはむづかしい。対米戦が始って２年目の春、正面の壁全面を覆いつくすほどに巨大なポスターが掲げられたことがある。僕はそれを見た。ひとりの兵士が半身を起こし、叫びながら右手に握った手榴弾を投げようとしている。その足もとに銃剣を片手にして、真正面を見据えるもうひとりの兵士が突撃姿勢に移ろうとしている。鉄帽

の下、見開かれたその眼光が鋭かった。「撃ちてしやまん」の標語と一体となり、連戦連勝のニュースに酔う当時の人々の気持ちをよく現わしていた。

終戦直後に進駐してくる米兵達は、日本本土における長く続く頑強なゲリラ戦を覚悟していたという。彼等の最高指揮官として厚木に降り立ったマッカーサーは、一老兵としてすでに帰国の途についた。多くの日本人は、彼の非運をわがこととして、心を痛めた。

「最後の一兵まで戦いぬく」という、あの頃の僕達の覚悟は、いったい何だったのだろう。僕は暫くの間、夢を見ているような気分で、日劇の白い壁をぼんやり眺めていた。

＊

戦後、「民主主義」へ移行するための改革がさまざまな分野で行なわれた。

学制が改革された。小・中学校、９年間の義務教育の上に、３年の高等学校、４年の大学が置かれた。これまで一部の階層の子弟のみに許されていた大学の門戸が、広く一般庶民にも開放されることになった。

国としては、一県一総合大学を原則とし、これまであった教育機関を整備し直した。

旧帝国大学は、地域の中核として残されたが、名称から「帝国」の２文字は削除された。

各地に散在する旧制高校、師範学校、高等工業高校など公的高等教育機関は、単科大学として残されるものもあったが、おおむねひとつの大学を構成する一単位としてまとめられた。各校は新しい総合大学に属する、例えば教養学部、教育学部、工学部などの学部となった。

このように新設された大学は「地方大学」又は「タコの足大学」「駅弁大学」などと呼ばれた。受験生には、２回の受験機会が与えられた。主に旧帝大など受験日の速いものは一期校、その合否決定直後に受験日を遅く設置されたものは二期校と呼ばれた。後者には主に新設大学などが割り振られた。

僕は一期校の入試に失敗した。

合格できた二期校は隣県にあり、この大学の教養学部は自宅から通学できる限界部に位置していた。国鉄から歩いて５分、学校は陸軍高射砲学校の途方もなく広い跡地に作られていた。正門わきのコンクリート造りの背の高い建物はかつての防空監視所だったという。古い建物の他に木造モルタルの新しい建物が教室、実験室などの目的のためにいくつも建てられていた。校舎群のある敷地とグラウンドとの境あたりに、古い倉庫らしい建物があった。中に入ってみると、埃をかぶった４，５台分の解体された高射砲の部品が、そのまま

無造作に収納されていた。一つの台座にとび乗り、手元に位置するハンドルを回してみると、以外にも台座はやすやすと回転した。

伝統のある医科大学が、この大学の中核となり、自らはこの新設大学の医学部となった。医学部だけは、直接、高校から進学できない。医学部に進学するには、少なくとも二年間大学に在籍したのち、改めて学部の行なう入学試験を受験し、その狭き門を突破しなければならない。受験者は多い。医学部を持たない大学の学生などが全国から集まってくる。英語、ドイツ語、数学、物理、有機化学、無機化学、生物、人文科学、社会科学などの科目の高度な試験が課せられる。この受験資格を取得するのに最も適した学部が、この大学の場合「文理学部」だった。医学部に進学しない学生には、この学部の名が示す通り文科系、理科系を問わず多様な進路が用意されていた。

十数倍の志願者の中から選ばれ、「文理学部」に所属することのできた女子５名を含む120名が名簿順に二つのクラスに編成された。

60名の新しい仲間の出身地は関東にとどまらず全国に及んでいた。小数の元旧制高校生、２名の女子学生が含まれていた。

全員が若々しく素朴であることに加え、それぞれが優

劣つけがたく個性的、理知的、意欲的であるように見えた。教室で接した教官達もそれぞれに魅力的だった。僕はこのクラスの一員になり得たことに満足と誇りを感じた。

ほとんど全員が医学部を目指しているようだった。ひとりひとりのクラスメートにとって、ここでの２年間の学園生活は、各自の青春を彩る充実したかけがえのないものになるだろうことが、すでに確約されているように思われた。

通学開始直後から、僕は就学と生活費獲得との両立は実際問題としては不可能であること、しかもその解決に許された猶予期間はすでに殆ど残されていないことを納得せざるを得なかった。当面、夏休みを前倒しにして、在籍のまま就職することに決めた。しかし、季節外れの就職はなかなかに困難で、並の努力では思い通りにならなかった。

今春、旧制の大学を卒業し就職を果たしたばかりの従兄弟（イトコ）が、彼の人脈を介し、米国の飲料水会社の有利な求人情報を紹介してきてくれた。何より給料がいいという。簡単に入社できるとは思われなかったが、早速、月島にあるというその会社を訪れてみることにした。

*

白い板状の石を敷きつめた規道の中を、銀色に光るレールが真っ直ぐに伸びている。

正面像を見せながら黄色く塗られた路面電車が規道の中に姿を現した。

正面運転席の窓の上に「月島」の文字、前照灯脇に系統を示す「11」という数字とが確認できた。降車客と入れ代わり、車内に入った。動き出した電車は路面の石の固さを、鉄の車輪の振動を介し、床にじかに伝えてくる。人の早歩きとさして変わらないのんびりした速度で進む。

立ったまま、ガラスごしに、やや高い位置から外を眺める。景色が地上でみるのと少し変わった新鮮なものに見える。

数寄屋橋を渡る。表通りに店が軒を連ねている。

ショウウィンドウの上にしゃれた形の日除けをつけた店、アルファベットで店名を白く染めぬいた真紅の小旗を飾る店、それぞれの店に個性がある。ショウウインドウの中には、貴金属、食器、ガラス、靴、衣服など、さまざまな商品が配置よく展示されている。街のたたずまいは、いつの間にか戦前に戻ったようだ。芽ぶいたばかりの街路樹の柳の若葉が歩道に春らしい優しい色どりをそえている。そぞろ歩く人々の表情には、

ゆとりと明るさが、その身のこなしには余裕と落着きがある。

服装は、かつてのみじめなものと比べると格段に良くなっている。

若い女性達は世界的に流行中だという長いスカートを身につけ、ハイヒールをはいている。その足どりは軽やかだ。接収され「PX」と呼ばれる、駐留軍向けのデパートとなった古い時計店の前には、休暇を楽しむ多くの米兵がたむろしている。彼等と親しげに肩を寄せている日本女性の姿もある。交差点をひとつ超えた角に建つMデパートの入口は、日本人の買物客で賑わっている。このデパートも直撃弾を受けたはずだが、その痕跡はどこにも見当たらない。街は、活気に満ち、浮き浮きするような明るくのどかな雰囲気に包まれていた。

電車が広い交差点を渡ると、しかし、辺りの雰囲気は一変した。倒壊をまぬがれた表通りのビルの間に、新しい建物が建てられているが、その多くはみるからに粗末なものだ。奥まった焼跡に建つ家居の殆どは未だバラックのままだ。その分だけ空は大きく、どこまでもひらけている。広すぎる明るい空と、落成したばかりのあまりに真新しい歌舞伎座の大きく美しい建物が、却って周辺のみすぼらしさを際立たせている。

歌舞伎座を通りこすと、人影はたちまち疎らになった。同じようなやや殺伐とした風景の中、廃墟に残る古い遺跡を連想させるように、焼け残った本願寺の頑丈そうなコンクリート造りの本堂が現われ、再び視界から消えていった。

電車がゆるい上り勾配にかかると、目の前に巨大な建造物の一部が、割り込むように入ってきた。勝どき橋のアーチ型をした欄干だった。

この橋は大型船を通すため中央部が二つに割れ、人が両手を挙げた形に開くことができる。電車は停らず進んでいく。

隅田川の川幅は広い。岸の近くの水は透き通って湧き水の様に澄んでいる。川を満たす豊かな水量に流れを見ることはできないが、岸に寄せる波が白いレースのような模様を絶え間なく編んではほどいている。くずれることのないゆったりとしたうねりのような波が川の表面に網目模様をつくっている。川上の水面は、岸辺の色を写すためか、暗い緑褐色にみえる。

橋の中央を過ぎ、ふたつ目の欄干にさしかかった。振りかえるように身体をひねり、視線を川下に移してみた。海に近づくにつれ、川は次第に濃い紺色を帯び、ついには海そのものの色に変わっていく。遙か遠くの川面では、太陽光をはねかえし、銀粉をまいたかのよ

うに無数の微細な波が絶え間なく煌いている。

この川の澄んだ水の中に、数年前、川全体を埋めつくす程の腐乱死体が浮かんでいた。その時のことを思い出す人がひとりでもこの電車に乗り合わせているだろうか。


川を渡りきった電車は、間もなく終点に着いた。人々は電車を後に、足早に散っていった。

僕は停留所を離れず、折り返しのため停車している電車の脇で地図を取り出し会社の位置を確かめた。右手奥、東京湾方面には運河が発達している。会社は運河沿いの倉庫街の中にある。


訪ねあてた倉庫の前に、１台のジープと、これまで見たことのない真新しい高級乗用車が置かれていた。美しい流線形の車体、磨きあげられた光沢のある塗装、中心部が白く塗られたタイヤ。僕の関心は車にすい寄せられ、重要な所用を忘れるところだった。

２間程の幅をもつ倉庫の入口は開放されたままだった。車の観察を切り上げ、薄暗い倉庫の中に足を踏み入れた。左右の壁に寄せて、２つの小部屋が作られていた。右手のものは内部がすっかり見えるようガラス窓などで囲われた明るい部屋で、机の上に電話やタイプライ

ターなどが置かれていた。クリーム色の内壁をもつ部屋の中、机を前にして働いている２人の男の姿があった。左手の無人の部屋は六畳程の大きさで、ドアの小窓からのぞくと、灯りの消えた暗い部屋の正面の壁際に数ケのロッカーが並べられ、中央にはいくつかの椅子とひとつの机とが置かれていた。

倉庫の奥の両側にはビンを容れた無数の木製のケースが石積みの城壁のように天井まで積み上げられていた。

部屋の中に居たひとりが、タイプを打つ手を休め、僕を事務室の中に招き入れてくれた。

この部屋には更に奥まった隣の部屋があり、間仕切りのドアがあった。

僕の履歴などをタイプし終わると、その紙を片手に椅子から立ち上がり、僕をうながし、彼は間仕切りのドアをノックした。

隣りの部屋に入ると、立派な机を前にひとりの白人の中年紳士が座っていた。

部屋の中には、葉巻きの濃い匂いがたちこめていた。

彼の温和な眼差し、落着いた態度が僕の緊張をやわらげてくれた。事務員は彼に紙片を渡し、流暢な英語で報告を済ませ席をはずした。ひとり残された僕に向かって、彼の口をついて出たのはやはり英語だった。

彼は仕事のこと、待遇のことなどを簡単に説明したあ

と、僕の家族、学歴、希望などについていくつかの質問をした。僕は英語は６年間学んできたなどとたどたどしい英語で答えた。

彼は椅子から立ち上がり、笑顔になり、手を差しのべてきた。僕は、少し戸惑ったが、慌ててその手を握り返した。

もとの部屋に戻ったとき、僕は幸運にもこの会社に採用されたことを知った。

もうひとりの事務員が、机の引き出しの中から車のカギをとり出し、

「これから、すぐファイナンス・ビルに行って君の身分証明書を作りにいこう。あれがなけりゃあ仕事にならないんだ。君の仕事仲間は全員外出中だよ。ビルはすぐそこさ。丸の内の官庁街にある。勿論、車、米軍払い下げのジープで行くのさ」

と云った。

二　未楽園

コップに注ぐと、無数の細かい泡となった炭酸が、注がれたばかりの濃い黒褐色の液体の中を、底から表面に向かって勢い良く駆け上がる。薬草を思わせる一種特異な香りと、僅かな苦みを含み、炭酸がプチプチと痛いほどに喉を刺激する甘い炭酸飲料だ。

本国では有名なこのアメリカの飲料水を、実際に口にしたことのある日本人は、まだ殆ど居ないはずだ。

社員には出勤時、1日ひとビンが支給される。手ごろな一本で、コップ2杯程度の分量がある。僕たちにとって、甘味を付けるのに本物の砂糖が使われている点が何よりうれしい。日米合同で催される謝肉祭の会場内で、2日間だけ日本人にも売りに出される。

謝肉祭当日早朝、会場となった神宮外苑には、欧米の遊園地と、日本の縁日が集合し、共存融和し始めた。

昨年から、麺類が自由販売となり、外食券なしでも外食できるようになった。

会場には色とりどり、形もさまざまな出店が、アスファルトで舗装された公園内の通りを挟み、設営された。

ライバル社は2百メートル程離れた、通りの反対側に出店した。

黒の縦縞の入ったオレンジ色の制服を着た社員達が、社名を白く抜いた真っ赤なトラックの脇で働いていた。僕達も全員紺色のジャンパー型の制服姿でテント設営に汗を流した。

通りに面し、会社のマークが描かれた白い大きな水槽を据え置き、この中に氷とビンとをつめこんだ。

朝もやが晴れ、広場中央に作られた演芸用舞台から、陽気な音楽が流れ出し、その音が神宮の森にこだまする頃、会場の準備はすっかり整った。

舞台の上で演じられる数々のアトラクションの多くは、協賛する会社の提供によるが、僕の会社は「ハワイアン・ショー」を提供した。これに出演する２人の美しい踊り子が、出番の合間に売店の販売を手伝ってくれる。

会場内をそぞろ歩く人々の数が増えるにつれ、僕達の店の飲料は飛ぶように売れ始めた。戸惑いながら、初めての味を味わう日本人の表情は、とても幸せそうに見えた。

僕達は売店、舞台、搬入駐車場などの間を駆けずり回った。夜のとばりが降り、公園には灯がともされ、店の中にも照明がつけられた。賑わいは夜遅くまでつづけられた。

ようやく帰社し、車を降りたばかりの僕達を待ってい

たのは、

「明日にそなえ、社員一同このままホテルにて宿泊せよ」

という支社長からの思いがけない命令だった。


水道の水で体を拭き、着替えをすませ、今朝の出発時と同じように、トラック前に集合した。購入してから、間のない真新しいフォード社の中型トラックは、艶のある赤白青の塗料で横3段に塗られている。運転手と主任が運転席、残る全員が荷台にはい上がった。木製の長椅子が、荷崩れ防止用柵の内側に作りこまれている。金具を外すと荷台の左右内側に5人がけの座席が出現する。車は、夜の街に向かって出発した。

*

会社に勤めるようになって4ヶ月たった。

仕事は肉体を使う配送だ。体力が要る。都内とその近郊には米軍に接収された基地、ビル、ホテルなど多数の施設が存在する。それ等の施設に出向き、納品、回収、清算、集金などの一連の業務を行う。

会社は支社の位置にあり、「ボス」と呼ばれる支社長はドイツ系アメリカ人で、知的で温厚な紳士だ。彼の下に、主任を含む2名の事務員、僕を含む6名の配送要員、計8名の従業員が居る。半数が妻帯し、3人が大学を卒業している。

社内の雰囲気は家族的かつ明朗快活だ。

米国籍の私企業に対し、駐留米軍は資産利用などの便宜を供与している。

製品工場のある横浜には、軍用車輌を一括管理する「モータープール」と呼ばれる米軍施設がある。会社はここから、日本人運転手つきの車両を借り受けることができるという特典を利用している。

工場で製品を搭載した数台の車輌が、支社に到着すると、配送要員のひとりが、そのそれぞれの一台に同乗し、目的地に出発して行く。都内数ヶ所を回る場合、一日がかりで一ヶ所の基地に向かう場合など目的に応じ、時にトレーラーまで幾種かの車輌が配される。

基地は「キャンプ」と呼ばれる。フェンスに囲まれた広い敷地内には、緑色の兵舎が並び、一隅には武器、車輌などが整然と保管されている。グラウンド、コート、体育館、食堂など兵士達の余暇、休息のための施設も贅沢に作られている。建物内部は明るく広く、清潔だ。食品倉庫など驚くほど合理的に整理されている。

対応してくれる下士官達は、総じて親切で陽気な人物が多い。力仕事でも気安く手伝ってくれたりする。指示など明確だ。

兵士の家族などが住む街は「ハイツ」と呼ばれる。

都内には、日本人には想像もつかないような夢の別天地が実在している。

広大な敷地一面に手入れのゆきとどいた芝生が植えられている。ゆるい傾斜面の中、ゆったりした間隔で、同じ型の家が建てられている。敷地の中を幅広い舗装道路が縦横に走り、「ハウス・デリバリー」と名づけられたハイツ行きには、社員が運転する会社の三色トラックが使われる。

家の前に停められた車を降り、一軒一軒、台所のドアを叩くのが僕の仕事だ。

家には電話、水洗便所、給湯、シャワーなど近代的な設備が組み込まれている。

日常生活には、洗濯機、掃除機など便利な電気製品が使われている。

入ることが許される台所は明るく広い。美しく機能的に設計されたガステーブル、流しのセット。長い可動式の蛇口。部屋の片隅には、その表面がホーロー引きの真っ白な大きな電気冷蔵庫が置かれている。

家事などはメイドに任せ、人目を気にすることもなく、殆ど裸で、芝生の上で日光浴をする主婦の姿を、そこここで見る。

台所の戸口で対応する主婦達も、総じて明るく社交的であるような印象を受ける。僕のサインだけで簡単に

ドル紙幣を手渡ししてくれる。肌で米国を感じる。

日本の現状に重ね合わせると、複雑な思いに囚われる。文化、国力、気質、考え方。あまりに大きな格差は、単に勝者、敗者の差だけによるものではない。全く本質的なものだ。国力でいえば、開戦時でさえ、すでに、我が国のざっと十倍はあったという。

夜風に頬をなぶられながら、車で運ばれていく仲間達の気分の中に、遠足に出かけていく小学生の高揚感に似たものが混ざっているのが感じられた。普段より声高な会話にも、はずむような活気があった。僕ひとりが童貞であることが話題となった。何時になく、仲間は「女、娼婦」について交互に教えてくれる。知識は十分あるつもりだったが、僕にとっては未だ「単なる記号」の段階にとどまっていることは、否定できない事実ではあった。

都電の軌道の中を十分程走ったろうか、仲間のひとりが、「あそこだよ。行く先は」と闇の中を指さした。

闇の中に、白いものが浮かんでいた。車が減速しながら近づいて行った。

白く見えたものは、鳥居のように二本の柱の間に掲げられた看板だった。

板の周囲に飾りつけられた、いくつもの電灯の光で、

「洲崎パラダイス」という黒い文字を読むことができた。街の入口を示す門柱であり、街の様子を知らせる広告塔でもあった。

「この看板は有名なんだぜ。今夜の宿はこの街の中でさがすんだ。花街だぜ」

「ここが『大名吉原、半てん洲崎』といわれる洲崎だよ。吉原は気どった大名が行くところ、こっちはふだん着の半てん着たまま気楽にこられる下町ッ子のあそび場……。そうゆう意味さ」

「ホテルに泊まるなんて野暮の骨頂さ。女の子のサービスつきで料金はずっと安いんだ」

「いよいよ初陣だな。血が騒ぐだろう。18才の初陣か？明日の朝、首尾を報告するんだぜ」

僕のつのる不安と困惑をのせたまま、車は街の中に入って行った。

軒をつらねる建物から流れ出す灯火が道を明るくしている。それぞれの建物は廓、カフェ、バーなどを想わせる。戸口の陰に女、通りには男の姿がある。

車は、女達が呼びかける声を振り切るように、いくつかの角を曲がり、風格のある二階建ての和風の店の前に止まった。運転席を後にした主任が、ひとりで店の中に姿を消した。

再び姿を現した主任は、僕達に手を振り、降りるよう

合図をした。女将に案内された洋風の応接間の壁に、一組の男女の怪しげな絵が掛けられている。

仲間は女将に導かれつぎつぎに姿をしていった。

仲間の進言を無視し、単身宿泊を希望した僕が一番最後となった。長い廊下を通り、案内されたのは六畳の和室で、中央にはすでに夜具が用意されていた。艶かしい空気を感じないわけにはいかなかった。寝間着に着替え、かけぶとんをはね、床の上に大の字になった。真っ白なシーツが興奮ぎみの気分をいくらか落ち着かせてくれた。

電灯から吊り下げられているひもを引き、灯を消した。目を閉じ眠ろうと努めている僕の耳にかすかな音が入った。首をひねり音のした方に視線を向けた。廊下に面するフスマがゆっくり開いていく。僕ははね起き、電灯のひもを引いた。フスマの脇から女の顔がのぞいた。女はするりと部屋の中に入ってきた。

「ごめんなさい。驚かしちゃったみたいね。この部屋、私の部屋なの。ここ以外に寝るところが無いの」

和服姿のその若い女は、フスマを後ろ手に閉めながら言った。

「座りましょ」

甘い香水の匂いと一緒に近づいてきた彼女は僕に指図をした。僕は夢遊病者のように、いわれるまま彼女と

一緒に、フトンの上に並んで座った。

「何をそんなに固くなっているの？　お願いだからもっと楽にして。ハンサムなお兄さん。お願い楽にして」

彼女は少し困ったような表情で、僕の顔をのぞきこんだ。色白で優しい顔立ちをしていた。

僕が、仕事で始めて基地を訪ねたとき、係の若い軍曹が、

「ティキリィジー、ティキリィジー」

と笑顔で何度も声をかけてくれた。その言葉がその時の僕の強い緊張感をほぐしてくれた。その言葉が “Take it easy”「気楽にして」という慣用句であることは後で知った。

彼女の表情と言葉の響きが、魔法のように僕から固さをとり去っていった。

彼女は生理休暇中だと告白した。

「でも、よかったら、どこを触っても、見てもいいのよ。貴方の自由よ」

「何もしないよ。できないよ」

僕は真剣に、怒気をこめて答えた。

「安心したわ」

彼女は、おかしそうに声をたてて笑った。客のあつかい方にはさすがに馴れている。二人の間に会話がうまれた。仕事、国内で見聞きできる米国事情、身の上の

こと…。

彼女は九州出身の元婦人警官で、しかも風俗取締係だったという。

「ミイラ取りが、ミイラになっちゃったのよ。いつか足を洗いたいとは思っているわ」

何も知らない母ひとりを故郷に残してきているという。

「父さえ生きていてくれたら、こうはならなかったわ。運命をうらむことはあるわ」

彼女の幸せであるべき運命をねじ曲げた犯人は父を奪った戦争であり、憎むべきは敵国アメリカであり、結局はその原因を作った自分の国であるという結論になった。

彼女が身の上話をしめくくるのを聞きながら、つい数日前に目にしたばかりのある意外な光景を思い出していた。

ゲートを通り、基地内に車をのり入れて間もなく、建物に向かう道路脇に、長い行列ができているのが見えた。200人程の兵士達だった。立って列を作るのさえ辛そうに疲労困憊していた。ヘルメット、服、靴、銃、身の回りのもの全てが泥にまみれていた。

彼等は通過していく車に視線を集中した。その時の彼等の眼、ヘルメットと不精髭の間からのぞく彼等の見開かれた双眸は野獣のそれのような鋭く残忍なものだっ

た。普段の兵士達の表情からはとても想像することのできない、殺気さえ感じさせる狂的な光を放っていた。いまにも発砲されそうな恐怖に襲われた。

「目を合わすな」

もと帰還兵だった運転手が、立ちすくんだ感覚に囚われていた僕に、低いが強い口調で声をかけてきた。

「奴等、命からがら逃げてきたところだ。負け戦だよ。大分やられたな。飛行機を降り、すぐこっちに来たんだろう。奴等の神経は、まだまともじゃない。真っすぐ前を向いていろ！」

僕は座席の中で、だらしなく崩していた姿勢を、さりげなく正し、正面を見据えた。

車は彼等の視線の砲列の中を、ゆっくりと進んでいった。いわれてみると、たしかにいくらかのおびえが眼光の中に混ざっているようにも感じられた。

優勢だった連合軍が、中国参戦以来苦戦を強いられていることは、ニュースで知っていた。

彼等を目にしたこの時、初めて実際の戦場の苛酷さを垣間見たように思った。

死にゆく兵士のうめき声、難民、孤児の泣き叫ぶ声…そんな声を実際に聴いたような錯覚に陥った。

人は誰でも殺人者になれる。戦場では、生きのこり、しかも味方が絶対勝つという保証は誰にも与えられて

いない。

「日本ばかりが悪いなんてことは無いさ。ともかく戦争だけは良くない。この世の中で一番悪い」

僕は力をこめて言った。

「そうだわね。こうしていられるのも平和のお陰だわよね」

彼女はあっさりと相づちをうった。

深夜の街中に、その静寂さを破るかのように、遠くでする人の声が聞こえてきた。

「あら？　もうこんな時間？　毎晩、この時間になると、小父さんが夜食を売りにくるのよ。ヤキソバでも食べましょうか？　おごってあげるわよ」

「いや。もう寝なくっちゃ」

彼女の折角の申し出を、大いなる未練を残しながら断った。

うながされ、仕度され直した床の上に横になった。

彼女は薄いかけぶとんを掛けてくれた。部屋の隅で、下着姿になるのが見えた。部屋の灯りが消された。廊下の淡い灯りが、フスマにはめこまれた障子の小窓を通して、部屋の片隅にもれてきた。

一度近づいてきた物売りの声は、再び達ざかり、もう聞こえなかった。

彼女が、そっと床の中に入ってきた。

彼女の太ももが僕の太ももに触れた。強い電気に触れたかのように、反射的に太ももを離した。触れた皮膚は、熱をもち、その部分の痺れたような感覚がなかなか消えずにいた。

髪のかすかな匂いが、僕の官能を刺激し動悸が激しく打ち、胸苦しくなった。

少しの勇気さえあれば、一線を越えることができる。どうしてもその勇気がでてこない。自ら納得するまでは、誘惑には徹底して抵抗しぬくという自己弁護的自負もあった。

それでも、煩悩と戦うのは苦しかった。彼女も無言のまま身体を固くして動かなかった。

「さあ、寝ましょうね」

暫くして、やっと彼女が声をかけてきた。

「おやすみ」

と僕は答えた。

僕は寝返りをうち、彼女に背を向けた。そのままの姿勢で寝ようと思った。自宅の床の中に居るのだと暗示をかけた。やがて、彼女の寝息が聞こえてきた。暫くの間は、とても寝つかれそうになかった。

僕は抱え込んでいた宿題に答えを出すことを思いついた。

夏休みは終わりに近づいて来ていた。僕には、未だこ

れでなければならないという未来の方針が確定していたわけではなかった。

前期の単位取得試験が始まる。その頃には、そろそろ復学しなければならない。

学部受験のための本格的授業は後期はなかった。

後期途中での復学は、留年という結果に陥ることも目に見えていた。しかし一方で、未来は大学とその学部の選択により決定されるから、むしろ失敗した一期校を再受験し望む進路を選び直すという発想が、魅力的なものとして考えられた。この場合には復学をあきらめる。

僕の思考は、両案の間を行きつもどりつした。俄には優劣をつけがたかった。

何時の間にか、動悸は収まってきていた。

「現状を続ければ、ミイラになりかねない。後悔しないためには、まず、ともかく復学しよう。単位取得の努力をする。困難にぶつかっても、道を開く自信もいくらかついた。」

結論が出た。

ようやく、睡魔が、僕を深い眠りの世界にひきずりこんでいくのが自覚された。

三　朧な夜

家人に見送られ、黒い御影石の床をもった、立派な造りの玄関を出て帰路につく。

外には霧が出始めていた。空気が湿っぽい。邸宅地に続く松林の中の細道を、私鉄の駅へと急ぐ。外灯の灯の中、霧の粒子が、かすかな白い光を放ちながら流れて行くのが見えた。

週２回、帰校途中、都心から20キロメートル程離れた、この高台の邸宅地に足を運ぶようになって、１年近くがたった。復学を決め、半年振りに再登校して間のない頃、学校近くに下宿先を移した友人が、それまでやっていた貴重な家庭教師の仕事を、僕に譲ってくれたためだ。国鉄駅を途中下車し、そこから更に私鉄ひと駅を乗り継いでくる。到着するまでに１時間、ここから帰宅するまでに１時間かかる。帰宅は深夜になる。

坂を降り、表通りから駅舎脇の踏み切りに着いたとき、遮断機が僕の行く手をさえぎった。

乗る予定にしていた電車は、すでに始動時の音をたてていた。僕の目の前を、ホームを離れたばかりの電車がゆっくり加速しながら通りすぎていく。車輪の回転と、重々しい地響きが、ふとした拍子に、人をその下

に引きずりこむ、秘めた魔力を持っていることを感じさせた。

僕の脳裏に、忘れがたいものとなった、ある邂逅の場面が蘇ってきた。


一ヶ月程前の同じ時刻、僕は人影疎らな国鉄駅のホームの上で、帰りの電車を待っていた。

電車が到着した。目の前で停まりかけた、空席ばかりの車輌の中、一見高校生と見まがう、やや小柄な女性の姿が見えた。彼女はこちら向きに腰かけ、うつむいて本を読んでいた。若い女性だけが持つ魅力があった。

扉が開いた。僕は真っ直ぐ彼女に近づいていった。正面に立った。彼女は顔を上げた。

「あらっ！」

目を見開き、小さな声を上げた。

「こんな時間…女ひとり物騒じゃないか？」

僕は少しとがめるように言った。

「大丈夫よ。今夜は叔父の家に泊まるの」

いつものように微笑みながら彼女は落ち着いた口調で答えた。

彼女は同期入学した５人の女子学生のうちのひとりだった。自然で控え目な言動に好感が持てた。気楽に話すことができた。夏の帰省から下宿に戻った、その

報告のために訪ねるのだという。沿線にある目的の下車駅まで20分はかかる。僕は断って彼女の隣に並んで座った。急カーブで、連結された十輌を越す客車の明るい内部が、次々と丸見えとなった。電車が闇の中にふっと浮かび上がり、そのまま空間を駆けているように感じられた。

「まるで、銀河鉄道みたい！」

と彼女がささやいた。

感覚の相似に驚いた。僕も又、夜の車中で、これまで何度となく銀河鉄道を連想することがあったからだ。

「宇宙の闇の中を征く列車。ほんとだね。客として銀河鉄道に乗っている気がするよ。外は真っ暗。どこへ行き着くのか？　果たして帰ってこられるのか？　少しだけ不安も乗せてね」

と相槌を打った。

「宇宙の宇は空間、宙は時間のことですってね。宇宙の果て……想像つきます？」

「無限ってことだろう。真剣に考えたら、人間、気が変になるよ」

「そう言えば、今度の帰省で、古里の空を見てくるのを忘れてきたわ」

話題は多い。

瞬く間に、彼女の下車駅に着いた。ホームの外れに、

細い電柱に似た外灯が立っていた。その薄暗い裸電球が、ホームの上を侘しく照らしていた。彼女はさっと席を立ち、会った時と同じように笑顔を見せ、軽く手を振りながら降りていった。僕は闇の中に消えていく彼女の後ろ姿を、窓に顔をつけるようにして見送った。


彼女の死を知ったのは、それから、わずか４日目の朝のことだった。「女子医大生自殺」の大きな見出しで、朝刊は彼女の死を全国に報じていた。正しい見出しは、「医学部受験女子学生」とあるべきだった。下宿先で、大量のクレゾール原液を飲んだという。

曜日から判断して、僕が生前の彼女にあった最後の同期生であることは、ほぼ間違いないようだった。

「人は何のために生きているのかしら？」

「音も時間も消えた灰色の部屋に幽閉されている気分」、「活字から意味が消え、単なる符号にしか見えなくなるの」、「鈍感」、「恐怖心脱落」、「投げやりな気分」、「生きていてもしょうがない」会話の中に、さりげなく散りばめられた、そんな彼女の言葉が断片的に思い出された。電車を降りる寸前、彼女が残していった
「死んだ方がましだと思うことはありませんの？」

という質問が繰り返し記憶の中に甦ってきた。

あの遅すぎる時間の外出は、やはり普通ではなかった。

あの時、すでに彼女は自殺することを決断していたのかもしれない。

彼女を死に追いやったものは、彼女に取りついていた虚無感そのものだったに違いないと結論した。もし、あの夜、自殺の決行を予見できていたら、電車を飛び降り、納得できる結論が出るまで、もっと話をし続けただろうと悔やまれた。

しかし、何度思い返してみても、彼女を思い止まらせるだけの結論を出せたかどうか、やはり自信を持つことはできなかった。


遮断機が上がった。霧の中に去っていく電車の後窓を眺めながら、僕は２本のレールの間で立ち止まった。

この時刻、次の私鉄電車を待つより、線路づたいに歩いた方が、より早く乗り換え駅に着くことができる。

濃霧が視界を悪くしていたが、あたりにはぼんやりした明かりがあった。

もとの２本のレールは容易に確認でき、瞬間ためらった後、消えた電車の後を追うように、白い闇の中に歩を進めて行った。

＊

暫く歩くうち、枕木の間隔と歩幅が揃ってきた。視線

の殆ど全てを、足元から正面に振り向けることができるようになった。線路脇に立つ、とりわけ明るい外灯の下を通り抜けた。

僕の行く手に、その時、ぼんやりした人影があるのに気付いた。

同じような速さで、同じ方向に進んでいる。後姿にどことなく見覚えがあった。

「あれ?!　自殺した彼女だ！」

視線を凝らし、反射的に確信した。

そんなことは、決してあり得ないことに、すぐ気付いた。人影との距離を縮めるため、歩調を速め追いついて影と並んだ。影を見た。

「えっ?!　僕じゃない？　君はもしかすると、僕なんじゃない？」

思わず咳き込むように尋ねた。

「そうさ、君だよ。君そのものだよ」

人影は、落ち着いた口調で事も無げに答えた。

「もっとも僕は肉体を持たない。そうだな、君の知性とでも言っておこうか。まあ、この世における君の存在理由そのものみたいなものなんだ。その意味では君以上に君自身さ」

と言葉を続けた。

僕は横目で人影を観察しながら黙って歩き続けた。霧

と夜目のため、不明瞭ではあったが、どうやら人影は僕自身であることは、まず間違いないようだった。

「このところ、君はまたぞろ例の虚無思想にかぶれかけている。判っているさ。君のことは。そのようにしむけた責任の大半は僕にある。一度、どうしてもゆっくり話をしてみたくなったのさ。驚いたかい？」

「別にそんなには驚きはしなかったよ」

僕はいくらか落ち着きをとり戻し、影を見ながら正直に答えた。

「君が現れたくなった気持ち、少しは判る気がするよ。ただ、折角だけど、大して役に立つとは思えないな。お互い、どうせ何時かこの世から消える運命なんだから。どう説明してみても、結果全ては死ねば終わりさ。違うかい？」

僕は少し投げやりな気分を込めて言った。影は僕の顔を覗き込むようにした。僕は顔をそらすよう再び正面を向き、そのまま無言で歩いた。

暫くして、影は再び口を開き、それまでの沈黙を破った。

「もともと、人間のいう価値、意味など、本来この世にないだろうことは、僕にだって薄々判ってはいるんだ。そもそも、名前や用途はもとからあったものに人間が後からつけたものだからね。でも考え、意味付け

をしないではいられない。人間だからね。生死の問題だって同じことさ。だからこそ、逆に敢えてそこにこだわらざる得ない君の気持ちは判るよ。良く判るさ。人生無意味だという結論も、間違っていないと思うさ。ただ、君は、今、生きている。まだ死んではいない。このことだけは確かなことだ。

君はいつも死を前提にして考える。死んだ後の世界から見ようとする見方を変えて、まずは生きているという現実を今の知力で考えてみるというのはどうだろうか。取り合えず、死んだ後のことは脇に置いておいて、考えないことにするんだ。20年前には影も形もなかった君が、ここに居る。そして生きていても意味ないと言う。当たり前のようにしているけれど、生きていることは案外大したことかも知れないぜ。生命の糸を逆に辿れば、人類、生命、宇宙の誕生、更にそれより以前の無の世界にまで行き着くんだ。君の中にその歴史が全部刻み込まれているんだ。綿々と続いたその糸がどこで切れても、君は居ない。まあそうなら、今の君の悩みも無い理屈だけどね」

「稀有さという点では、認めざるを得ないね」

と僕は言った。

「認めることが出来るのは、君が人間だからだ。人間が知的生物だからこその好奇心、創造力、思考力、判

断力、人間以外にそんな知的能力を与えられたものは無い。しかも、君の知的財産は君一代で得たものではなく、その殆どは先人の遺産を伝承したものだ。その点も大したことなんじゃないかなあ。皮肉なことに、もともと、生き抜くため蓄積されてきた偉大な財産が、逆に己の存在について考え、ついには生命を否定する能力にもなってしまった。自然の法則に、その点だけはどこか逆らっているような印象があるなあ」

「それだけ貴重な生命が無に帰する。そこが悔しいんだ。虚しいんだ」

「要するに、有には価値があるが、無には価値がないといっているように聞こえるぜ。実は、無があってこそ、有があるんだ。有という概念が生じた時、同時に無という概念も生まれたんだ。君の論法で言ってもその時点で無にはすでに価値はあることになるじゃないか。同じように死にも価値を認めるべきだよ。死があってこそ、生がある。

昼夜、正邪、是非、有無、生死、いずれも貨幣の裏表のように、両者全く同格の価値を持っているんだ。効用もある。煩悩、苦痛などこの世で無くなって欲しい全ては、一気に消し去ることができる。有限であればこそ、却って生命が輝くということもある。

少し考えてみれば、無価値どころか無くてはならない

ものだってことが分かるじゃないか？　数字にも零があるだろう。ともかく、生死について、断定的にこうだと決めつけるには、君はまだ余りにも未熟なんじゃないか」

影は、言葉を継ぎながら、教師のような説得口調で長い時間をかけ、ゆっくりと言った。

僕には納得できなかった。

返事をせず、考えるため、僕はそのまま沈黙を守った。

「判断は結局人の脳の働きだ」

と影は再び口を開いた。

「現実を表現する言葉は、さっきも言ったように人間の都合で後から作られたんだ。だから必ずしもその現実を、いつでもそのまま正しく表すとは限らない。知的活動に言葉は不可欠さ。でも、単なる道具と言えなくもない。人の脳の働きは、言葉の組み合わせで作られる。作られた世界は人間がつくり出す一種の虚構にすぎない。その点を確認しておかないと、そこで紡ぎ出された結論を、うっかり現実そのもの、絶対的なものと錯覚する。さらには、その結論に捕らわれてしまう。そこに君が陥る落とし穴があるのじゃないだろうか。

この際、一度生死については考えることを中止したまえ。

君は未だ、本当の現実を生きていない。いつまでも自分が作り出した結論に縛られていないで、ひとまず自由になりたまえ。そして、まずは素直に生きるところから始めてみるべきだよ。そうだ、言葉の無かった時代に戻ってみるのがいい。何時だったか、君が初めて天体望遠鏡で星をのぞいたときの無邪気な感動振りをよく覚えているよ。光が何とも神秘的だと言ってね。覚えているだろう。あれだよ。あの感覚を思い出して、素直に生きる。

考え悩むことは勿論大事なことさ。ただ生きることの総てじゃない。それより、作られたままの肉体を使って、何も考えずに、まずは少年のように、そのままに生きてみろよ」

「少年のようにか？　確かにあの頃は輝いていたな」

と僕は最後の言葉を、口の中でゆっくりと繰り返した。

「そこから、きっと君は何か別の価値を見つけることができる。生命を知ることができるかもしれない。もっとも、価値なんて人間の都合で決める順位付け、値段みたいなもので本質的には何の意味もないんだっけ。でも、今のところそれに頼るしか他に手はない。つい理屈っぽくなっちまうな。まあいいや。僕が言いたいのは、判らないものは判らないままに放っておいて、今生きているという現実を大切にして生きてもらいた

い。そう言いだいだけなんだ。人生いわく不可解。それでいいじゃないか。限られた時間をどう使うか、どう生きるか。残された時間は有限なんだ。折角の知的能力は、そっちの方だけに集中させて使って欲しい」

「そう簡単に割り切れるくらいなら、端《はな》から悩みはしないさ。ただ、一つの考えとつかず離れず連れ立って行くというのは、悪くないかもしれないな。どうも、虚無思考だけは、離れていかない気がするんだ。きっと真理だからだと思う」

僕は言葉を、途切れ途切れに繋ぎながら、答えた。

「ならば、それでいいじゃないか。全肉体で生きてみて、それが最後に得た結論だったのなら、それこそが自然の法則だったんだよ」

影は頑な態度を崩そうとしない僕を諭すように言った。

「彼女は果たして正しかったのだろうか。本当にそう思うかい？　この世は、判らないことだらけだからこそ、面白いし、又だからこそ生きて行ける。それでいいんだ。この地球が何故存在しているのか、そんなことは誰にも分からない。人は、この世に生まれたからには、生きるか、死んでしまうか、２つに１つ。そのいずれかしか選択肢はない。中間の立場というのはないんだ。死にたいのなら死んだらいい。君の勝手だ。誰にも止める権利は無い。

ただ、一旦死ぬ道を捨て、生きる道を選んだのなら、
生きている間は生きる他ない。自分の意志で選んだ限り、どんなに辛くても生き抜いていくしかないんだ。

そうと決めたら、もうつまらぬ難問に時間をとられている暇は無い。君は全く何も知っていないじゃないか？

見て感じて、学ぶことは山程ある。もう一度言うよ。

君がどのように生きるか？それこそ、君に任された領域なんだ。どうせなら、しっかり生きた方がいい。君がしっかり生きることで、この僕も成長する。僕が成長しないと、困るのは君なんだからね。何と言っても、
最も親身な相談相手はこの僕なんだからね。頼り甲斐のあるたくましい相談相手に育ててくれよ。

今の僕に、もし君が泣きついてくれてみても、これ以上の知恵は出ないよ」

影は僕の心の中を見透かしたに違いない。先回りし、
言い訳の様な事を言った。

僕は思わず笑った。そして言った。

「頼むよ。しっかり育ってくれよ。頼むのはこの僕の方だよ」

＊

道は次第に大きく曲がり始めた。少し先で右手から国鉄線が合流してくる。合流点近くで合流した幅広い線路を横切る踏切がある。その踏切を渡れば駅は間近だ。

駅に所属する操車場の照明灯のため、行く手の空がぼんやりと明るんでいる。

カーブを曲がった。前方に信号灯が見えてきた。踏切が近づいたのだ。思わず歩調が早くなる。

「言い忘れるところだった。『自然』と『夢』。この言葉を贈ろう。これからの君に、この２つの言葉はきっと必要だと思うよ」

唐突に影が言った。

その後、再び会話が途切れた。


突然、前方の霧の中に、円形の赤い光が現れた。上下に同じ光が、気ぜわしく交互に点滅する。

「カン、カン、カン」

光に続き、短く断続する強い警報音が響いてきた。つい先程確認したばかりの信号灯の赤い灯が、いつの間にか緑色に変わっている。

「電車だ!!」

後ろを振り向くと、霧の一部がオレンジ色に染まり、その円錐状の光がサーチライトのようにこちらの方向に動いている。

電車がカーブを曲がっているのだ。

再び、正面を向くと、すでに黒い人影が目の前に飛び出している。一瞬、線路の外に逃れようと考えた僕も、

思わず影の後を追う。目の前で、霧の粒子が、橙色に光り始めた。

みるみるその照度が増していく。僕は焦った。車輪の響きが、背後でぐっと大きくなった。

前のめりになって走る。夢中で走る。踏切が近づいてきた。もう目の前だ。向かいの遮断機が降り切った。手前側の遮断機が降り始めている。降り切る寸前、腕で頭を守りながら、その下をかいくぐった。

「助かった！」

倒れかけた姿勢を、かろうじて踏み留めた。体勢を立て直す。胸は破裂せんばかりに波打ち、短い呼吸を繰り返す。息が死ぬ程に苦しい。

遮断機の前に立つ半死半生状態の僕の目の前を、電車が突風のように通り過ぎる。

オレンジ色の電車の窓が、風でパラパラとめくられた本の頁のように、断続的に視界を横切っていく。重々しい車輪の響きが足元から伝わってきた。

一瞬の間に電車は駆け抜けて行った。警報機の音が止み、点滅灯が消えた。電車の音もたちまち遠ざかり、消えて行った。目の前に、墨絵のような曖昧模糊とした、大きな空間が広がっていた。対側の遮断機が見えた。踏切が、橋のように真っ直ぐ延びている。

乱れたままの呼吸を整えながら、隣の影に向かい、

「危なかったなあ。それにしても、人間理屈だけじゃあ、絶対に死ねないことが、良く分かった」

苦笑しながら声をかけた。

誰も居なかった。

夢から醒めたときのように、突然冷静な気分が戻ってきた。

改めて周囲を見回した。僕の他に、人影はなかった。

深夜の静寂だけが、ことさらに感じられた。

遮断機が上がった。僕はそのまま、目の前の風景を見ていた。

「明日は晴れるだろう。久し振りに、青い空でも見るとするか」

僕は口の中で独りごちた。

それから、落ち着いてきた呼吸を意識しながら、ゆっくりとした歩調で、踏切を渡り始めた。

四　秋空

有機化学の実験が指示する手技と手順は、課題ごとに、それぞれ煩雑で、結果を出すまで細心の注意と集中力が求められる。医学部進学を志す学生は、二年間の教養課程で決められた教科を履修、受験資格を取得したうえ、改めて入部試験を受けなければならない。同期生達は、必修教課である実験にいずれも真剣な表情でとりくんでいる。

僕は、極力気楽に手早く実験を進め、比較的早く結果を得ることができた。万年筆を用いて教官に提出する報告書に仕上げている間に、気にかけていた友人の姿が消えているのに気付いた。僕より早く終了させたに違いない。更衣室で白衣を脱ぎ、鏡の前で詰め襟のフックをかけ直しながら右側の校章、左側の学部を表す金色のＳという文字に歪みがないかを確かめた。きちんと制帽をかぶる。カバンを片手に、大いなる解放感にひたりながら、陽光のもとに出た。

学生ホールに向かい、歩いていく途中で、再びその友人の姿を見付けた。侵入敵機監視塔だった背の高い建物のコンクリート壁に寄りかかり、タバコをふかしている。彼は長身であるばかりでなく、人に興味と精悍

さとを印象づける、適当に浅黒い皮膚、筋肉質な体軀とに恵まれ、その上目もとのきりっとした男性的な整った顔立ちをしている。

近づいていくと、いつもの人なつっこい笑顔を見せ、片手を挙げた。

「よぉ！ここで網を張って待っちょっとった。実験はどうもしんどくてかなわん」

「会えて良かった。手紙をあずかってきているんだ。伝言もある」

僕はカバンの中から小形の角封筒をとり出した。手渡された封筒に視線を走らせ、礼をいうと、彼はそのまますぐ学生服のポケットに、それを仕舞った。顔を上に向け、暫く澄んだ秋空を眺めていたが、

「いい天気じゃ。ちくっと外に出て、風に当たらんね？」

急に思いついたように、僕を散歩に誘った。

ふたりは校門から、国道に出て右に進んだ。

陸軍高射砲学校だった母校周辺は、入学時荒野の印象だったが、近頃は新興住宅地に変わりつつある。いくつもの新しい建物が目立つ。国鉄の踏切りを越え、一旦駅前にある彼の馴染みのパン屋に立ち寄った。若い娘が店番をしている。

配給用のパンを購入するには、政府発行の外食券が必要だ。下宿する者にとっては、とても貴重なものだ。

彼は二枚の食券をそえ、コッペパンを買った。

「俺の顔を見ると赤くなる。いつも、あんなふうにもじもじして、よう声も出さん。あの娘は、俺に懸想しちょるらしい」

店の外に出て、パンの包みをカバンの中にしまいながら、困ったような表情をみせた。とっさには、返す言葉が見当たらない。ふたりは、暫く無言のまま、もとの国道までもどり、更に先へと歩を進めた。

*

僕達新入生の初級ドイツ語の授業は、気鋭の若い助教授に任せられた。

授業はまず、文字の発音から始められる。

「アー」、「ベー」、「ツェー」。

教師の発声を真似て、生徒が復唱する。助教授は、授業の途中、後の方の席に座るひとりの生徒に、起立を命じた。反唱の中に、異音を聞きとがめたのだ。教授は息を吸い込み、正確な発音で、見本を示した。生徒はよく透る大きな声で、しかしなまって発声した。

「ツェット」、「チェット」

何度くり返しても状況は変わらなかった。一種のリズムさえ生じてきた。生徒のひとりが、ふき出した。つられてふき出したのは、起立している生徒だった。彼はそのまゝ大声で笑いだし、そして笑いつづけた。一

瞬の後、教室は爆笑の渦にまき込まれた。

生徒が九州出身と知れ、助教授は苦笑し、個人特訓をあきらめた。

入学直後の教室を支配していた、よそよそしい空気が一気に吹きとばされ、彼は、一躍クラスの有名人となった。

この一件直後、学生ホール脇の掲示板に、俳句コンクール入選作として十句程が発表された。驚いたことに、応募した覚えのない僕の句が、上位入賞していた。ひとり一句という応募規則を守るため、チェットの彼が、僕の名を無断で借用したのだった。

同じ被害に会った、九州出身のもうひとりの同期生と、犯人である彼との三名は、揃って国文科の教室におもむいた。上位三句ことごとくを、彼ひとりが独占したことになる。三人それぞれに賛辞と賞品のタバコ一箱が授与された。秘密を共有し、三人はうちとけ、そしてたちまち親しくなった。

別のクラスに所属する、僕の敬愛する高校同期生を彼等に紹介、やがて数名から成る仲間ができた。

東京探訪、下宿同宿、学寮訪問など共通体験を重ねながら、友交を深めていった。日常に活気と輝きがでた。

入学してから間も無く、僕は学費を稼ぐため休学したが、それから半年後、何の支障もなく学校に戻ること

ができたのは、この仲間が共同しておこなった、代返などの架空在学工作のお陰だったのだ。

僕が学校に戻ると、チェットの彼は、それまで彼が担当してきた家庭教師の仕事を、僕にゆずってくれた。

彼は学校近くに下宿を移したので、通うのが負担になったのだという。

彼の古い下宿近くの私鉄駅に降りたとき、見知らぬ美少女に呼びとめられた。

それ以来、僕は東京に通う女子高校生と彼とを結ぶ秘密の恋文配達人となった。

この夏の帰省から戻る、丸一昼夜かかる汽車の旅の間に、彼は新しい恋を得たという。

相手は、有名商社の図書室に勤める年上の女性だ、と告白した。

先週土曜、彼に頼まれ、彼の代理として、ようやく丸の内にある彼女の職場を訪れた。明るく落着いたその部屋にふさわしく、彼女は清楚な雰囲気をもつ美しい人だった。彼女は彼の手紙をいかにも嬉しそうに受取った。返事を書き終えるまでの間、閲覧室で待つことにした。

書棚の中に、ライフ誌を目にした。最近号と、別冊となった「第二次大戦写真集」とを選び出した。ライフ誌は、今世界で起きていること、過去に起きたことを、

比較的正確公平に報道することで知られている。今のところ、日本人の目に触れる機会は殆んどない。

この九月始めに行なわれた、サンフランシスコ平和条約の記事が載っている。ソ連、中国などを除く、四十八カ国と単独調印、この日吾国は、連合国の占領から解き放たれ、再び主権をとり戻した。しかし、街角から米軍の姿が消えるようなこともなく、表面的にはこれまでと全く変わっていない。

写真集を開き、思わず息をのんだ。一枚一枚の鮮明な写真が、全ての空想を拒絶し、冷酷悲惨な戦場の様子をそのままに伝えている。勝者と敗者、生と死。

上陸作戦に失敗し、波打ち際に死体を晒す、無数の日本兵の列。ひとりの兵のあまりに場違いな、平穏な死に顔が、むしろ何かを強く訴えてくる。

雑誌の記事の中に、三年目に入った朝鮮戦争における彼我の死傷者が、二百万人に達するとあった。この数字は、かの大戦で、わが皇軍が失った戦死者のみの数に一致する。

戦犯として、戦後になってから命を落とした者を除けば、かつて無敵無敗を誇り、国体の精華と称えられた彼等は如何なる苦況に陥っても、必勝を信じ、祖国の敗北を想像すること無く死んでいったに違いない。彼等の魂は全て無に帰したのか。戦後数年たつ現状を見

て、何というだろう。全ては虚しかったのか。彼等が支払ったあまりにも大きな犠牲は、一体どのような意義を持つのか。生きのびた者は、その意義を生かすことができるのか。彼等は何を訴える。

遠慮がちな彼女の声で我にかえり、現実の世界にひきもどされるまで、僕は何時の間にか、非日常的な別の時空の中に閉じこめられていた。


国道に戻り、彼と肩を並べて歩きながら、僕は彼女の魅力、二つの恋の危うさについて正直な感想を口にした。

「俺の立場は俺が一番よく判っちょる。なんも心配はいらんち」

他人事のような、明るい口調で答えた。話題はすぐ講和条約に移った。

ふたりは、年が明けると、一ヶ月違いでともに二十才になる。生まれも育ちも違うが、殆んど似たような体験をしてきている。同じ意見に落着くことが多い。

ともかく、同じ心情を共有できる会話は楽しい。原爆、独立、米国の覇権主義独善、ソ連の非道。話題ごとに、会話が弾んだ。

私鉄の踏切りを超え、見事な松林の中の道を二分程歩くと、突然目の前に広く碧い海が現われた。遙か遠く、

水平線が空を分け横たわる。国道を横切り、なだらかな砂地に降り立つ。

規則的な波の音、ほのかな潮の香り、ときどき耳もとをかすめる爽やかな海風。

すでに、海の家は片付けられ、浜辺には赤い旗を立てた粗末な貸しボート小屋が、とり残されたように建っている。

身内を満たす解放感にうながされ、ボートに乗ることにした。

彼を舟尾に座らせ、僕が中央に座り、オールを握った。

波打際まで、すでに中ば押し出されていたボートは、ひと押しされゆらゆらと揺れながら水に浮かんだ。背後でオールを水中に打ちこみ、ついで手元に引き寄せる。ボートは小さな上下運動をくりかえしつつなぎさを離れた。小さなうねりだけになった海上を、ボートはすべるように速度を増していく。舟べりの両側に生じた小波が前方に流れ、舟尾で合流し白い航跡を作りだす。

海辺の風景が遠ざかっていく。息が切れた。漕ぐのを止め、オールを操作し、舟を止めた。

岸から、一キロ程、離れただろうか。オールをボートの中に納め、舟をそのままただようようにまかせる。

彼は、パンを取り出し、ひとつを僕に手渡してくれた。

礼を言って、早速頬張る。

口の中に、焼きたての香りと、かすかな甘味をもった優しい味がひろがっていく。

ゆったりした揺れに、のんびり身をゆだねていると、何もかも忘れることができそうだったが、どうしても頭から離れないものがあった。この学期の終わる四ヶ月後までには、厭でも結論を出さなければならない。

彼は一期に京都大学、二期に長崎大学と決めたという。いささかも、ゆるぎがない。

彼には三人の兄がいたが、軍医となった長兄はビルマで戦死。すぐ上の兄は長崎医大の学生のとき原爆で死亡、ひとり残った九大を出た次兄が外科医である父の医業を継いでいる。

三人の姉も、全員が医家に嫁いだという。僕の目にも、医学部を表すMという襟章がまぶしく見える。憧れもある。

しかし僕には、彼の立場と違い、特に医師にならなければならない義理は無い。一人前になるには、これからでも十年はかかる。僕の場合にはむしろ他校の転入試験を受け、方向転換すべきだという発想を捨てられない。いづれを選ぶべきか、仲々、結論がでないでいる。

「人間の生命だけに、大騒ぎする程特別おおそれた価

値があるのかなあ。どう思う？　人間の勝手な思いこみ、単なる錯覚にすぎないんじゃないか？　結局、この世の生命だって虚しいものだと思うがなあ」

「錯覚？　虚しい？　そういう、人間のけちな判断こそが錯覚そのものだ。人間だけの悪い癖で、頭だけで理解しようとする。判るためには、身体全体で感じるものでなけりゃあだめだ」

彼はとがめるような口調で異を唱えた。

暫らく間を置き、再び口を開いた。

「生きるということは、幸せになること。俺はそう思っちょる。さっきのパンはうまかっただろうが？　あれさ。あれが生きていることの、価値そのものさ」

「幸せを感じること？なるほど、おぬしほどもてれば、そりゃあ楽しいだろう。しあわせを感じない訳にはいかないなぁ。考えている暇が無いんじゃないか」

僕は、まぜ返すように笑って云った。彼も、つられて笑顔になったが、その表情の中に、いくらか真剣なものが表れたのを、僕は見逃さなかった。

「俺には、時々夜空を眺める癖がある。今は特に空気がよう透いて、星がよけい綺麗に見えよる。こゝから太陽まで、光の速さで八分かかる。今輝いてみえる光は、何万年、何十億年前宇宙の果てを出た光だ。その遠さを想像できるか？星自体は、疾うに無くなってい

るかも知れん。この地球は勿論、宇宙そのものさえ、やがて何時か消えてくなる。全ては運命なんだ。何者かの意志なんだ。地球が生まれ、人が生まれ、今俺が生きている。虚しいなんて思っている暇がない。不思議さ、神秘さに、ただただ全身が感応しよるんよ。

星を見ていると、大自然の意図というか、意思というか、何か大きな力が語かけてくるように感じるんだ。俺にはそれで充分なんだ。」

声の調子には変わりがなかった。

「俺は、自分の生命を、人の生命のために役立てると決めたんだ。ともかく試験を受けろ。ぐずぐずしていると、きっと後悔するぞ。その先のことは、その結果で決まってくる。この学校に居ることが、すでに俺達の運命なんだ。腹を決めろ」

「判った。パンはうまかった。生きていて良かった。しあわせを感じたよ。最近、パンの味が断然良くなってきたそう思うだろ？　今日のパンはとびきり美味かった」

と僕は云った。

「おい、見ろよ！」

彼は、海面から五十糎ほど突き出た一本のくいを指した。

遠浅の海のこの辺りには、海苔の養殖のため、恐らく

芦の幹で作られたくいが、一列に並べて立てられている。舟を止めた時点では、くいの列はずっと沖合に見えていたが、その端に立っていた一本が何時の間にかボートのそばまで近づいてきていた。しかも、目をこらしてみると岸に向かい、ゆっくり動いている。

「引き潮だ」

叫びながら、慌ててオールを水中に戻し、へさきを陸に向けた。その間にもくいは舟べり脇まで進んできた。

懸命に漕いだ。くいは静止したままだ。

「手伝ってくれ！」

彼は上着を脱いだ。僕は身体をずらし、手をさし出し、彼が僕の隣に座るのを手伝った。

それぞれが一本のオールを握り、水中に打ち込んだ。

手の動きが制限され、思うように水を捉えることができない。そうするうちに、一度静止した舟はごくゆっくりだが、ふたたび流されていく。いたずらに水しぶきが上がる。注意しながら同じような操作を繰りかえすうち、次第にふたりの呼吸が合ってきた。くいが静止し、やがてゆっくり沖に向かい動き始めた。

オールを固定している金具だけが、悲鳴のような音をたてつづけた。

くいが遠ざかっていく。

ふたりは、ひたすら漕いだ。死にものぐるいで無言で

漕いだ。

振り返って陸地を見ると、すでに借ボート屋の旗の文字が読みとれた。ボートは長い航跡を引いている。腕が痺れてきたが、休まず漕ぎつづけた。

ついにボートは、砂地の上に乗り上げた。呼吸を整えるため、深い息を暫くつづけた。

ようやく落ち着き、彼の方を向くと、彼も丁度こちらを向いた。顔を見合わせた。お互いの表情の中に、満足そうな笑みを見たように思った。

それから、ふたりはゆっくりと、オールを舟の中に納めた。

五　ひとり旅

終着駅構内の時計は、刻々と時を刻みつづける。待ち合わせ時間はとうに過ぎた。彼はまだ現れない。本数の少ない直通列車を逃がす訳にはいかない。僕はついにその場を離れ、プラットホームに移動した。

列車は、すでに大分混んできていたが、窓際に空席をひとつ見つけることができた。

試験結果の答合わせをした後、

「物理、二問ともできなかった。ふたりとも、更なる都落ち間違いなし。万一、ひとりだけが出発することになった場合、残るひとりはつらくても見送りに来ること」

と、あらためて彼と今日の打合わせの確認をした。彼が約束を破るとは信じがたい。できれば、一昨日の発表場で再会し、確認したかったが、果たせなかった。

僕は窓辺に身を寄せ、ホームの上に視線を這わせつづけた。ベルが鳴り、列車が動き、見馴れた街中を加速しながら進んでいく。僕はようやくあきらめ、深い失望感に捉われながら、座席に深く座り直した。百六十名の同期生のうち、合格を果たしたのは、その約一割にすぎなかった。

自分が慰められることより、ただ彼の栄誉を彼の顔を見ながら祝福したかったのだ。同期生を含む同窓の十人以上の受験生のうち、合格したのは彼ひとりだった。合格を果たした彼の進路は定まった。不合格となった僕の進路については、この際もう一度再考すべきではないのか？　何度か繰り返してきた自問自答を、久し振りに蒸しかえしそうな予感があった。

僕は雑念を払うため、カバンの中から物理学の教科書を取り出し、膝の上に広げてみた。

図形や数式が目に入ってきたが、頭の中には入ってこない。代って彼のことばかりが浮かんでくる。

二年前、一期校の受験に失敗。二期校だったこの大学に進学した。高校と同じ路線にあるためか、同窓生が多い。僕は医学部進学課程とされる文理系の学部を選んだ。十数倍の競争率だったがこの年度僕を含め四人の高校同期生が入学した。

それまで特に親しい仲ではなかったが、当初、四人はよく群れた。ひとりは、間もなく一期校再受験を理由に当校を去っていった。ひとりは、医家のひとり息子で仲間うちではすでに秀才と認められていた長身、白皙、美貌のいくらか貴族的雰囲気のある男だった。

のこるひとりは、寡黙で地味なごく普通の若者といったあまり目立つところのない、むしろ、冴えない感じ

の男だった。どこか茫洋とした雰囲気を持っていて、ごく自然体で気楽につき合うことができた。授業、登下校で一緒になる機会が多く、次第に彼が、見かけによらず、頭の回転の早い、しかも茶目っ気のある明るく愉快な江戸の下町っ子であることが判ってきた。

入学後一ヶ月も経たぬうち、早晩、危惧していた学費でつまずくことがはっきりしてきた。

「前学期は高校の復習レベルだよ。今のうちに無断で休んで稼いでくればいい。留守中俺が代返などで穴埋めしといてやるよ」

僕は彼の好意に甘え、思い切って学校をぬけだし米国の飲料水会社に就職した。会社勤めは新鮮で、意外にも、いろいろな面で魅力的だった。

連絡のため、彼の自宅を訪れる機会が生じた。彼の家は通学路途中の駅から歩いて三十分程のところにあり、戦災をまぬがれた住宅地の中で米屋を営んでいた。


或る休日の昼過ぎ、初めて彼の家を尋ねていった。うす暗い店の奥から、店番をしていたらしい彼は前かけ姿で現れた。笑顔で「ヤァ」と云った。

「今の米屋は自由に米を売れるわけでなし、通帳の管理ばかりでつまらない商売なんだ」

といいながら、外した前かけを母に託し、彼女に僕を

紹介した。

二階の彼の部屋から、新緑に覆われた荒川土手ののびやかな景色が眺められた。

部屋の壁の一面を大きな本棚が占めていた。立派な本が整然と並べられている。

最新の話題となっているDNAに関する厚い専門書、古典、世界の文学全集、有名詩人の詩集など、その背表紙がそれらの本がいかに高価であるかを示していた。

「すごいなぁ」

思わず声を上げると、彼は僕の視線をなぞり、

「あ、本ね。実をいうとツンドクなんだ。半分は兄貴のために買い揃えているようなもんなんだ」

僕が怪訝な表情を見せたのだろう。

「親父が早く死んで、兄貴は上の学校へ行けなかったんだ。母の代りに兄貴が店を継いだからね。自分の夢を俺に託しているんだ。立派な本を買って並べておきさえすれば、兄貴は安心しているんだ。俺の小遣いじゃあ、とても買えないよ。それに、ほんとは、のんきに学生やってられる身分じゃないんだ。兄貴にはすまないなあといつも思ってはいるんだ」

と、いい訳するように言葉をついだ。

ドイツ語と二、三の教科について的確な指導を受けた後、外に出て、近くの大橋、土手の上などを散策した。

学生に戻ったようで、充実した楽しい時間を過ごした。

その後、ふたりで盛り場に進出し、喫茶店、ビヤホールで過ごす楽しみ方も覚えた。

日を経るうち、二兎を追う者の結果を覚悟する必要はあったが、会社勤めをつづけ、一期校再受験という選択肢も、僕にとってはむしろ無理のない良策のように思われてきた。

彼は涙ぐましい程、熱心に力を貸してくれた。彼の協力を無にしないよう、勤務中でも暇を見つけ、僕なりに努力は怠らなかった。特にドイツ語はきびしく、もし前期で単位を落とせば、その年度内での挽回は至難だといわれていた。

前期試験の結果は、ドイツ語を含め自信を持てなかったが、どうにか全教科通過し、必要な全単位を取ることができた。

彼は自分のことのように喜んでくれた。僕も心から嬉しかった。

会社か、学校かの二者選一については、この結果を見て、きっぱりと学校を選ぶことを決め、会社を辞め、秋から復学した。

*

二年の夏休みが近づいてきた。この期間、臨時収入を得る仕事があればと、心がけてはいたが、なかなかみつからずにいた。

「コンクリートの芯になる鉄筋を造る工場で、夜勤の作業員をさがしている。二人一組が都合がいいそうだ。俺も働くから、一緒につきあわないか？」

どうやら、僕のために捜してきてくれたのではないかと憶測した。

勿論、二つ返事でひきうけた。

その工場は、鉄工場などが集まる下町の工業地帯の中にあった。国鉄駅で乗り換え、都電を利用して通うことになった。下校時、寄道する形で行ってきた高校受験を控えた中学生の家庭教師の仕事は日中に移させてもらった。

夕方に出社し、早朝帰宅する。

敷地の端に立つ工場の中で鉄が溶かされる。その建物のひとつの壁に穿たれた直径一センチ程の丸い穴から、溶けたままの鉄の一定量が押し出される。

その鉄を受けとるように地上一メートル程の高さに長い鉄製レールが設置されている。厚さ一センチ、幅二十センチ、長さ十メートル程の鉄板を縦に二つ折りして造られた長いレールの内側を、押し出された鉄は一直線に滑走する。まぶしい程、橙色の光を放ちながら

穴を出た鉄は、棒状に形をかえる数秒の間に、たちまち光を失い赤色についで黒色へその色を変えていく。停止寸前、レールの両端に位置したふたりの工員が、その芯にかすかな赤みを残す黒い棒を溝の中から掴み上げ、素早く地上に移す。等間隔に四基のレールが設置されていて、その一基を僕達二人が担当した。鉄は一定の間隔で、つぎつぎ打ち出されてくる。それに合わせ工員は単調な動作を繰り返す。溝の中にできているほんの小さな傷に、行く手をさえぎられると、鉄はたちまち巨大な赤い尺取虫に変身、夜空の中にびゅうっと立ち上る、射出のスイッチが切られるまで、尺取虫は何匹も出現する。それが一瞬の後、作業員の上に落ちかかる。気を許せない。手は厚い布手袋で保護するが、露出したままの腕には、火箸を押しつけられたような火傷が何本もできる。これは防ぎようがない。

敷地の中、製品を二メートル程の高さに積み上げ、台地の形に整えた保管場所が、いくつか作られている。

作業の途中、休憩時間が与えられる。

二人は、新しい山に登る。頂上は平坦で、二人が並んで寝ころぶのに丁度良い広さがある。身体を横たえると、台地の芯に残る余熱が疲れた背中の筋肉を、優しく、ゆっくり温めてくれる。爽やかな夜風、満天の星空、解放感。とりとめのない会話。デモ、学生運動、

異性、将来。彼は医学を志していると明示した。僕が、現在の授業を、予備校的だと批判すると、

「何をその上に作るにしろ、土台は大事だぜ。今、俺達がやっているのは、その土台となるレンガ造りだと思うんだ。どの一個もしっかりしたものを造らなけりゃあ」

と、云った。

この期間、かけがえのない楽しい時間だけでなく、僕が気付かなかったとても大事な多くのものを彼から学んだ。博識で誠実な彼をより敬愛するようになった。

冬休みが近づいてきた。

彼を中心とする仲間からの感化もあり多少の迷いは残っていたが、僕も受験する気持に固まってきていた。二期校に、東京にある専科大学を選ぶつもりだと彼に告げると、彼は言下に反対した。

「駄目、駄目。受験料を損するだけさ。うちの定員は八十名だけど、あそこはその半分だぜ。しかも、一期をすべった連中が全国からワーっと集まる」

彼は指先を伸ばした右手を甲を顎の下に固定した。

「いいかい。ここをすべったら、その時には加速度がつくんだぜ」

僕が彼の手に注目したのを確かめると、その手を勢いよく胸の前を斜め下に動かした。

「どんなにブレーキをかけたってまず止められないね」

腰のあたりで減速させ、今度はゆっくり水平に滑らせていった。そして止めた。

「やがて止まるところがある。そこに定員五十名、関東最後の学校がある。チャンスも最後。そこしか無いよ。俺はもうそこに決めた。一緒に行こう。悪いことはいわない。そこへ行こう」

東京にひどく執着する僕の気持をほぐすかのように、いたずらっぽい目をして同じ動作を二度、三度と繰り返した。手の動きは斜面を滑るスキーを連想させた。

「加速度か。うまくいうなあ」

僕は笑いながら納得した。

「どこへ行ったって、また何時だって、何か問題はあるさ。ある方が当り前じゃないか。お互い、もうはたちになるんだぜ。何があったって大丈夫さ。何とかなったじゃないか？　自信ついたろ。何より目的が大切さ」

医学部に進めば、更に四年間の学生生活が継続する。彼が側に居てくれること以上に、どんな望みがあるだろうか？　これ程嬉しく心丈夫なことはない。

「よし！俺もそこに決める」

少し間を置いたが、僕は決然と云い返した。

＊

車窓からの風景はすっかり田舎のものに変わっていた。

いかにも遠くへ来たという実感がある。

一時間あまり走った電車は、やっと賑やかな地方都市に入った。その停車駅の駅名がすでに十年近くを経た疎開時代の記憶を唐突に甦らせた。乗り換えのため、その頃まだ存命だった母と一緒に何度か降りたことがある。あれ以来消息を断ったままの級友たちのことも思い出された。出会いと、同じ数の理不尽な別離を繰り返すのが、人の運命だという真理に、彼とのことが思い合わされ、一段と暗く、うら悲しい気分にひきこまれた。

二年前、一期校の合格発表日の朝、受験した大学のある国鉄駅で、同級生とばったり出会った。ごったがえす受験生の群の中、彼と並び掲示板を見上げた。彼の番号はあったが、僕のは見つからなかった。帰途、車中一時間余を彼と同席した。勝者と敗者。得意と失意。そのときの心情を、正直に彼に話した記憶がある。

そのとき、彼は、子供の頃からの親友との間で、全く同じような体験をしたと話してくれた。今回、彼が、このときの会話を思い出さなかったなどということはあり得ない。

約束と、この記憶との間で彼は苦しんだのではないだ

ろうか？　彼は優しい。

僕は気を取り直し、精神を集中させるため再び教科書の上に目を移した。しかし、相変わらず、さまざまな雑念が僕の努力を邪魔しつづけた。


更に一時間あまりを走り列車は、目的駅に到着した。

意外に多くの降車客があった。その殆どは学生で、しかも同じ受験生であることが、ひと目で知れた。彼等から、剣士の放つ殺気に似たビリっとした空気が伝わってきた。忘れかけていた緊張感が一気に甦った。

二日にわたる試験日程のうち、第一日目の全課程が終了した。

「どうだった？」と早急に答合わせをする筈の友人の姿は無い。思わず、空席のままの彼の席に目がいった。

何となく気が重い。

受験生達は、つぎつぎに席を立ち、教室から姿を消していった。

ふと気がつくと、僕が最後のひとりになっていた。

寝不足だったためか普段より集中力に欠けたきらいがある。結果の良し悪しに関係なく、いつも感じる達成感が無い。不完全燃焼のまま終った。やりきれない思いを抱え、席を立ち、外へ出た。

校門の正面は、バス通り一本を隔て、約二百メートル

程前方の住宅地まで、一面、平坦な畑によって占められていた。左手は、南北に走る街道に面して立つ工場敷地の裏手に当たり、その長い黒板塀により境界されている。境界に近づくと、塀の立つ台地の草むらの中を水が流れていた。幅五十センチ程の用水路らしい。通りから一段下った畑の中、その水路に沿い、土を踏み固めただけの細い農道が延びていた。

旅館のある方向は判っている。

僕は通りから、その農道へ足を踏み入れた。

澄みきった水が、僕の足下で気持の良い音を立て勢いよく流れている。足の裏から土の柔らかい感触が伝ってきた。ゆっくりと歩を進める。土の匂いがする。ふっと、少年に返ったような気分に陥った。ふり返ると、学校の右手後方に、左手からの夕日をあび、やや赤みを帯びた雄大な山の姿があった。僕は立止まり、美しい山の姿を見入った。その大らかでなだらかな稜線は、どこか母性的な優しさを含み、悲しい人々の気持を、無心にゆったりと慰めてくれているように感じた。いくらかなつかしいような、嬉しいような、やや明るい気分になることができた。

街の印象も、「落着いた城下町風格のある地方都市」という、意外にも好ましいものだった。

住宅地を抜け、郊外にある旅館に向かった。この時期、

宿泊者は受験生だけとなる。

帳場に声をかけ、部屋へ通ずる廊下を歩いていると、だしぬけに後から僕の名が呼ばれた。立止まり、振りむくと、顔見知りになった女中が、小走りに近づいてきた。色白、小太り、感じのいい人だ。

「電報です。電報」

いいながら彼女が紙片を手渡してくれた。

「お出かけになった後、すぐに届いたんですけど……。悪い知らせなら、むしろお届けしない方がいいんじゃないかと……。やきもきしながら今迄待っていたんですよ。」

何かの間違いだろうという疑念が半分、不吉な不測事態に対する不安が半分。僕は急いで、未だ薄明かりの残る庭側に寄り、手渡されたばかりの紙片を開いた。

「オノレヲ　シンジ　クイヲノコスナ　カヘリマツ」

「何だ。彼からか。人さわがせな。こんな時に、びっくりするじゃないか」

読みながら、とりあえずほっと安堵の吐息をついた。

電文が彼の声となり、耳の奥に伝わってきた。のぼる朝日のようにその声は、明るく輝く光の矢となり、あっという間に体のすみずみまで広がっていった。不思議な気分が全身に満ちてきた。

「よーし、明日は声援にこたえ、ともかくやるだけや

るぜ。悔いのないようやってみせる」

誓の言葉が自然に口の端にのぼってきた。

「よかったわ。いいお知らせのようで」

僕の脇で、心配そうに見守っていたらしい女中が、それまでの固い表情をくずし、愛らしい笑顔を見せ、明るい語調で云った。

「ウン。いい知らせさ。お蔭で今夜は、ぐっすり眠れそうだよ」

僕もつられて笑顔になり彼女の顔をみながら弾むような語調でそう答えた。

六　或る卒業式　僕の日記から

北風は朝止んだ。うららかな春の日差し。自称、紅梅の花が開き風の中に花の香りがかすかににほう。

昼すぎ、看護専門学校に出向く。来賓室に当てられた教室に案内される。すでに大勢の人が席を占めていた。着飾った婦人達とは対象的に男性の殆どは平服で、主催者側の二、三を除くと僕のように黒の略礼服を身につけた者は皆無に近い。多分に気恥ずかしい。

定刻、玄関ホールを横切って体育館を兼ねた大講堂に移動する。

開け放たれた入り口正面の壁に沿って、三十脚程の椅子が一列に並べられ、それが来賓席に当てられていた。演壇近くの右手の席はすでに医師会の役員などによって占められていた。

部屋の後半部は黒っぽい制服姿の在校生で埋められていた。その前を横切り、僕の席を捜した。僕の席は末席から数えて四番目あたりの席だった。対側の壁面には校長を始めとして学校職員が居並んでいる。

開式が宣言されると、入口から今日ばかりは、蝶か花かと見まごうばかりに美しく着飾った卒業生がひとり、又ひとりと入場してきた。大正時代の乙女のように髪

にリボン、ハカマの和服姿が多い。部屋の前半が彼女等によってすっかり埋めつくされ、式典は校歌斉唱、証書授与と形どおりに進行していく。校長訓示につづいて、いよいよ来賓挨拶が始まった。

僕はにわかに落着きを失い始める。


一ヶ月程前、案内状が郵送されてきた。僕の診療所からの生徒が晴れて卒業する。

封を開くと卒業式の案内に加えて、「卒業生のため、御祝辞をお願いします」の一行が書かれていた。

どこを押しても祝辞を述べる立場にない。強いて理由を求めたが、当時市医師会長だった現学校長と一昔前、この学校の開校まで一緒に骨を折った時期があったが、その辺にあるという以外には考えられなかった。開校記念日には挨拶をさせられた思い出もよみ返った。

その校長の依頼とあらば、何か必ずそれなりの理由があるに違いない。

強い戸惑いはあったが、少し考えた末、僕は返信用ハガキの出席の文字の上に丸印をつけた。紋切り型でない、生徒の興味をひき、かつ役立つような良い話をしなければならない。祝辞を耳にしながら、苦難の日を重ね、やっとまとめ上げた祝辞を心の中で空んじてみた。どうやら、二度三度とつかえずに復唱することが

できた。練習してきた甲斐はあった。

名前を呼ばれたら壇上までの長い距離を慌てずに進み、あとは練習通りやれば大丈夫だろう。僕はやっと落ちつきをとりもどし壇上に目をやる。ようやく6人目の来賓祝辞が終わろうとしてはいるが、これまでにかかった時間はあまりにも長い。聴衆にとっては喜びを通りこして、苦痛となる。正面に座る生徒の中で、居眠りをする者の数が次第に多くなってきている。時計を見ると三時に近い。この次こそ僕の番だ。

祝辞が終り変わって事務長が壇上わきのマイクの前に立った。「イヨイヨだ」思わずカタズをのむ。心臓が高鳴る。立ち上がる用意をする。

僕は大きく息を吸って、身がまえた。

「更に沢山の方の祝辞をいただきたいのですが、時間の関係がございますので、御来賓の御祝辞はこれで終わらせていただきます。ここで今日御出席の来賓の皆様を御紹介させていただきます」

何番目かに僕の名前も呼ばれた。僕は立ち上がり、会場を占める人々を一覧してから一礼した。

僕の診療所の卒業生はこのとき初めて僕の姿を目にしたに違いない。眼を丸くしてこちらを見ているのが判った。

壇上で彼女をびっくりさせてやろうという僕のもくろ

みは不発に終わった。再び席に腰を下ろしたとき、悲しさを伴う虚脱感がじんわりと僕を包みこんだ。祝辞依頼は何かの間違いだったのだ。僕は出席したことを心から後悔した。記念写真、謝恩会出席予定の計画もたちまち色あせて感じられた。

僕はすっくと席を立った。入るとき通った通路を逆行し、入り口に達した。閉ざされていた扉を押し開き、式場の外へ出た。

—僕の日記から—
拾いだした小文

一　冥土の旅の当り年

時の流れは止まらない。

過去から未来へと移りゆく時の流れを、人は「歳月」に区切ることを知った。すると、一年が一枚の写真のように停止する。最近の宇宙物理学が説くところによると、何兆にも及ぶ天体の中で生物の存在を許す地球の存在は真に稀有なことだという。さらにその上、その天体上に宇宙の存在を認知する能力を有する「人間」という生物が出現するために必要。

例えば一等の宝くじに毎年当りつづける幸運の連続といったような、殆んどあり得ない程の小さな確率を持つ事象実現、しかも一回のみならずあり得ない事象の連続した積み重ねが必要だったのであり、まさに「人間の存在」こそは真に稀有中の稀有な現象であるということが確認されたのだ。

現代の自然科学的宇宙像が、改めて「人間の存在の厳粛な意味」、「人命の尊さ、重さ」教えてくれたといいかえることが出来る。


たまには、雑事を打ち捨てて、冬の夜空に輝く無数の星群を眺めながら、「生命」などについてあれこれ思

いを巡らせてみるのも又、悪いことではないだろう。そのひととき、人は哲学者に、すくなくとも詩人になることが出来る。

生の流れは とどまらず
死はひたすらに 追いすがる
あわれ
己れも 人の身も
眠りの床は
あとやさき
昨日の人を
かなしめば
明日の人に
かなしまる
かくて 世はすぎ 世はうつる
時の流れは とまらねば
存在は真に稀有なことだという
（作者不詳）

二　三秒の感謝

作家 曽野 綾子

この世が生きて甲斐ない所だと
心底から絶望することもまた、
すばらしい死の準備である。

死を引き当てに

極く若いうちから……時には子供のうちから死を常に考えるかどうかは、ひとえにその人の性格によるものらしい。私は子供の時から今まで、毎日死を考えない日はない。

死を引き当てに、私は生を感じて来た。心中（残念ながら男とのではない。私が幼かった時、母との）寸前まで行ったことがあるので、自殺とは何かも、当事者として知っている。

私は幼い頃から徹底して、年より老成したい、と望んでいた。つまり私は死に近づくことで、それにようやく耐える方法を発見しようとしている弱虫だったのだろう。

幸福の収支決算

死に易くなる方法はないか、という人がいる。つまり怖がらずに死ねる方法はないか、ということである。名案があるわけでもないし、あったとしてもまだ死んだ経験のない私には、それが有効である、という保証も見せられない。しかし多少はいいかな、と思う方法が一つある。

もし、その人が、自分はやや幸福な生涯を送って来たという自覚があるなら、毎夜、寝る前に、「今日死んでも、自分は人よりいい思いをして来た」ということを確認させることである。つまり幸福の収支決算を明日まで持ち越さずに、今日出すことなのだ。

50歳になった時から、私は毎晩一言だけ「今日までありがとうございました」と言って眠ることにした。これはたった三秒の感謝だが、これでその夜中に死んでも、一応のけじめだけはつけておけたことになる。

しかしもう一方で、人生を暗く考えがちの人がいるとしたら（私もその一人だったのだが）人生はほとんど生きるに値しない惨憺たる場所だという現実を、日々噛みしめ続けることである。そうすれば死に易くもなる。

豊かさもつらい

全く、現世はろくな所ではない。愛し合わない夫婦が共に暮らすことは地獄の生活である。しかし愛し合っている夫婦の死別もまた、無残そのものである。どちらになってもろくなことはない。

戦争も平和も、豊かさも貧困も、もし強い感受性を持っていたら、それなりに辛い状況である。貧困は苦しいが金持ちならいいだろうと思うのは、想像力の貧困の表れである。

この世が生きて甲斐ない所だと心底から絶望することもまた、すばらしい死の準備である。私は基本的にはその地点に立ち続けて来た。

しかしそう思っていると、私は自分の生悟りを嘲笑われるように、すばらしい人にも会った。感動的な事件の傍らにも立ち、絢爛たる地球も眺めた。それで私は夜毎に三秒の感謝も捧げているのである。

三　胡蝶の夢

「医療現場の姿勢：『脳死』対応にギャップ」

「関係者の賛成、反対の意見」

などなど、多くの関連記事が目に止った。「編集手帳」を転記しておくことにした。


司馬遼太郎氏の小説「胡蝶の夢」は、幕末にオランダ医学を学ぶ人たちを描いた作品だ。この中に、オランダ海軍の軍医ポンペが長崎で行った解剖の模様が出てくる。ポンペは奉行所の許可を得て、死刑囚の遺体を四十六人の医学生の前で解剖した。が、これを聞いた服役者らは怒り出す。罪は死罪で終わっているのに、死後、五臓六腑を裂かれるのは何の罪かというのだ。幕府の医官、松本良順が説得する。「一人が解剖されることによって千万人の病者を救いうる、この功策をもって後生は極楽浄土へゆくことはまちがいない」。服役者もやがて納得する。

脳死臨調が最終答申を首相に提出した。

脳死を人の死として認め脳死者からの臓器移植を容認する内容だ。脳死を人の死と認めない少数意見も添えられているが、少数派も臓器移植には賛成している。

わが国には遺体について特別の感情がある。これを変更するのは容易でない。また、

「半ば強制的に臓器を摘出されるのではないか」

という医師への不信感もある、答申が出ても移植再開にはさまざまなハードルがある。確実な脳死判定。移植ネットワークの整備。臓器提供の意思を示す提供者カードの普及。移植を定着させるには、良順のいう「病者を救う」気持ちが大切だ。

四　時のかくれんぼ：昭和ひとけた

平成20年８月26日　火曜日　終日雨
「面白うて　やがてかなしき　鵜舟かな」

北京オリンピックが閉幕した。灯が消え、闇の深さが急に際立ってきた感あり。世界はこれから、未曾有の混迷期に突入する。そんな予兆を感じることしきりだ。

俳句作りだけでなく文才にも恵まれた同年同業の友人が、彼が作った本を送ってきてくれた。表紙は、夕日を背景に列をなして飛ぶ大小五羽の鳥影を写した美しい写真で装丁されている。絵柄の中央に題字、その右脇に縦書きで、彼の一句が添えられていた。

「鳥雲に　一日《ひとひ》の終る　夕ごころ」

この句の一日の終りに、自分の人生を重ね合わせてみる。少年の日に迎えた終戦からいつか六十年余が過ぎていた。どこか悲愁を帯びた複雑な感慨が、しんみりと身にしみる。思えば「昭和」は遠くなった。そして日毎に遠ざかっていく。

夕刊に読み捨てるに惜しい文章あり。
書き留めておく。

「時のかくれん坊」
呼び名懐かし「昭和一桁」
黒井 千次

かつて〈昭和一桁〉という言葉の流行った時期があった。そしてどちらかといえば、やや否定的なニュアンスを帯びて用いられる傾向があったように記憶する。とりわけ賑やかに論じられたのは、〈昭和一桁〉生まれは食べ盛り、育ち盛りの時期が戦争から敗戦、更に戦後にかけての食料難の時期に重なり、成長期に充分な栄養をとれなかったために血管が脆く、長生きは難しいといった説であった。

自分が昭和一桁の後半、昭和７年生まれであるために、そんな言葉を聞くのはあまり愉快ではなかった。それがどこまで根拠のある指摘であったかは定かではないけれど、余計なお世話だ、ほっといてくれ、という気分のほうが強かった。

昭和一桁、つまり昭和元年（1926年）から昭和９年（1934年）までに生まれた人達にとっては、戦争は時

代の背景であり、更に時代の響き、明暗、そして暮しの基調ともなった。やがて日本が戦争に敗れる昭和20年（1945年）の夏、昭和一桁生まれはほぼ11歳から19歳までのいずれかの年齢に当たり、十代のどこかで敗戦を迎えたことになる。

もし世論として考えるなら、食料難や血管の強弱より、それぞれの年齢に対応する戦争との関わり方の違い——学徒動員や学徒出陣、予科練や少年兵としての入隊、集団疎開や縁故疎開、空襲、敗戦後であれば学制改革による新制・旧制の切り替えのどこに自分があてはまるか、等々の体験の違いの方がより大きな問題を含んでいたと思われる。年齢によってほとんど1年ごとに輪切りのように変化する学校生活の質の変化は、食料難とは別種の影響を昭和一桁生まれに与えている。


そんな世代論めいた考えをあらためて辿る気になったのは、後期高齢者の医療制度が問題となったからである。その年齢区分が気にかかった。2008年の4月現在、満75歳以上の国民を対象としたこの医療制度の実施は、必要な論議を尽くさず、説明も欠いたままスタートしたために混乱を生む結果となった。

それはそれとして論じられねばならぬ点は多々あるが、今気にかかるのは、後期高齢者と昭和一桁生まれの関

係なのである。75歳を高齢者における前期後期の分かれ目とすれば、2008年４月現在その年齢に達しているのは1933年（昭和８年）に生まれた人までである。つまり、昭和一桁生まれの人達のほとんどは、今や後期高齢者扱いとなる。

そして感じるのは、〈昭和一桁〉という呼び名には、良くも悪くも歴史の陰影が反映している点である。食料難や血管の脆さを含めて、戦争と敗戦から戦後の復興、高度経済成長期を生き抜き、バブルの崩壊から今日の景気後退までの日々が、自然のうちに身体に刻み込まれている。その〈昭和一桁〉が後期高齢者と呼ばれる区分の最低年齢層を形作っているわけである。更に上には、大正生まれ、明治生まれといった人々が積み重なっている。

当然のことではあるけれど、後期高齢者には顔がない。それは時代と切り離され、年齢だけを数字として持つ透明人間である。しかし〈昭和一桁〉には、時代にまみれた顔があり、七十代の半ばまで生き続けて来た命の表情がそこに宿っている。およそ論理的ではないおかしな言い方になるのは承知の上で呟くのだが、まだ少し生き続けるとしたら、自分は後期高齢者としてではなく、昭和一桁生まれの老人として生きたい、との望みが強い。

たとえば孫を前にした時、後期高齢者としては語りたいことは何もないけれど、昭和一桁生まれの老人としてなら、話したいことはいくらでも湧いてくる。

法律上の年齢区分と、出生時期による世代の社会的な分け方を比べてもあまり意味はない。ただ、〈後期高齢者〉という呼称が我が物顔に横行し始めたために、〈昭和一桁〉という古い呼び名がふと懐かしくなっただけの話なのだろう。

—追　悼　文—

一　約束
(故大原先生を偲んで)

飛行機は、白雲を突っ切って、ぐんぐん、高度を下げ始めた。

最初に視界に入ってきた陸地は、初秋の夕日をキラキラと照り返す広大な水面だった。

操縦席から見れば、滑走路は泥水の中に浮かぶ一枚の長い板のように見えたにちがいない。

「まだ水はひいてないぞ」

「無事に着陸できるかしら」

機内に、軽いパニックに似たざわめきが広がった。

僕もつい、不安にかられた。隣の座席の大原先生の表情をうかがった。

「心配しても仕方がない。操縦しているのは機長なんだから」

と言わんばかりのすまし顔をしていた。

僕より十歳ほど年長、年は五十代半ば。

横顔には、仲間内で「大人《だいじん》」と呼ばれているだけあって、多少のことには動じない重厚な風格がにじみでていた。

僕もあわてて、平静さを装って、あくびをしてみせた。

飛行機は乗客の心配をよそに無事、着陸した。

朝七時に羽田を発つということで、大原先生の運転する彼の高級外車に便乗して、自宅を出たのは午前四時だった。

最初、数人単位のゴルフツアーの予定だったものが、参加するはずのメンバーが、一人欠け、二人欠けして、最後に残ったのは、A先生と大原先生の二人だけになってしまったのだという。

全くゴルフのできない僕のところにまで、熱心な誘いがかかったのには、やはり深い事情があった。何でも、中止にした場合、国際信義に問題を残す、そればかりは是非避けたいというのが主な理由だった。

ついに僕も根負けして、国際親善に協力することを決心した。

羽田空港で搭乗手続きを終え、搭乗待合室に進入して間もなく、

「台北空港は、ただ今、台風による水害のため、滑走路が冠水して使用不能となっております。再開まで長時間かかるものと予想されます。台北行きのお客さまは、この待合室でお待ち下さい」

というアナウンスが何度もくり返された。

出発前から、すでに洋上に台風発生中との情報があり、いやな予感がしていた。

それでなくても、最初から、どこか気乗りしない旅だった。

この情況の中で、あえて決行するというのは無謀としかいいようがない。

「よし、これで決まりですね。旅行は中止。どうしてもというなら、国内旅行にきりかえましょう」

僕は勢いこんで提案した。

二人は馬耳東風と聞き流し、

「まあ、ゆっくりビールでも飲みながら考えようや」

二人が勝手に方針を決めてしまった。ビールと聞いては僕も賛成せざるを得ない。

広いロビーの片隅にカウンター付きの小さな店が何軒か並んでいた。一軒でビールなどを仕入れ、窓ごしに外の景色を見ることのできる待合室の片隅の椅子を陣取り、三人だけのパーティを開く仕儀となった。

僕達の脇の空間は、大勢の人々によって何度も埋められた。

「ノース・アメリカン航空、ボストン行きのお客さま……」

アナウンスの指示がある度に、人々は潮が引くように消えていった。

ここでの時間はゆっくり流れた。昼になり午後になっても明確な予定は発表されなかった。

台北行きのお客の何人かは待合室を去っていった。

三人の話題は酒、食物から、生活までに及んだ。

大原先生の話しぶりは、ひょうひょうとしている。それでいて、人前の温かさがにじみ出るのだろうか、ごく普通の会話でさえ、人の気持ちを楽しくしてしまう。

地平線。大きな赤い夕日。馬上の陸軍将校。満州の大地を駆ける若き日の彼の勇姿。さまざまな情景が目の前に浮かんできた。

彼は、また戦後における蒙古での生活を語った。彼の蒙古に抱く少年のような純な情愛が僕の胸をうった。


自宅を出てから半日、ようやく飛行機は、台北に向けて羽田を飛び立ったのだった。

*

税関を通り、空港ロビーに一歩、足を踏み入れると、そこは大勢の人々でごった返していた。台風のための混乱、空港機能の再開。この時間帯に集中したのだろう。「ウワーン」とジェットエンジンのようなひどい喧噪が耳を襲った。

かん高い異国の言葉が、ひびき合い、玄関口ロビーに充満していた。

A先生は、迎えにきてくれているはずの陳さんの姿を、人混みの中にさがし求めた。しかし、約束の柱のそばに、陳さんの姿はなかった。

「この突発事態だもの、もう帰ったんだよ」

「いや、陳さんはそんな人じゃない。約束は絶対守る。でも、どうしたんだろう。もう一度、電話してきてみるよ」

陳さんというのは、A先生が今回の旅行に関しての一切を依頼した、台北市の土産店の主人だ。当地の土産店の殆どがそうであるように、旅行者のホテル斡旋、両替、貿易などの業務を兼ねる一種の旅行代理店を営んでいるという。

「隙さんに会えなかったら、この混乱の中だ。一体、どうしたらいいのだ。泊まるところが見つかるかどうかさえ覚束ない」

不安が次第に現実のものとなりつつあった。電話は出水のせいか、何度かけても通じなかった。万事休す。

A先生は肩を落とした。

飛行機を降りたときは、まだ明るかった建物の外は、とっくに暗くなっていた。

柱に寄りかかり、ずっと無言の行を続けていた大原先生。一時間を過ぎると、深い吐息をついて、

「うーん、困ったなあ……」

と、ついに弱音をはいた。

三人は顔を見合わせ、途方に暮れた。

「もし、もし」

遠慮勝ちな声ではあったが、これが異郷で聞く初めての日本語だった。一斉に声のほうをみると、薄緑色の洋服を着た、一人の中年婦人が立っていた。

彼女は、市内の土産店の女主人だと名乗った。

別の便で着くはずの旅客を出迎えにきたのだが、商売柄、僕達の苦境を一目で見抜いたらしい。

「泊まるところ、見つけてあげます。今夜はぜいたくなところは駄目。みんな私にまかせなさい。大丈夫」

地獄に仏とは、まさにこのこと。彼女と一緒に、次の到着便を待つことにした。

彼女の姓は柳《りゅう》といい、色白のなかなかの美人だった。明るい話し方をする。

出迎えた旅客は、ゴルフツアーに参加した数人の大阪の医師のグループだった。タクシーに分乗。まだ停電中の暗い街の中を通って市の中心部をめざした。

中心部に着いてみると、停電も、混乱もなく、いつもどおりの街の様子が保たれているようだった。

紹介されたホテルは、なるほど高級とはいいがたかった。二〇室ほどの部屋をもつ、ごくありふれた小さな

ホテルだった。それでも、一人に一部屋が当てがわれた。部屋は全室、バス、トイレ付きで、部屋の一方の壁際には立派なダブルベッドが置かれていた。

すでに十時を過ぎようとしていた。

夕食は、大阪の医師団のために用意されていた別の高級ホテルの宴席に同席させてもらって、とることになった。部屋に荷物を置いて、すぐに出掛けた。

大原先生の人なつっこい態度は、たちまち初対面の人々から、ぎこちなさを取り去った。人に親近感を抱かせ、人を寛いだ気分にしてしまう、このような彼の人となりはいつ作り上げられたものだろうか。

僕には彼にそなわったその自然な魅力がうらやましかった。

一団の人々は、まるで旧知だったかの如くに、互いにうちとけ合い、笑い声の絶えない明るく愉快な酒をくみ交した。

十二時過ぎ、いい気分に酔って、ホテルに戻った。

ドアを開け、部屋に入った。

なんと部屋の真ん中に、可愛らしい乙女が一人立っていた。言葉が全く通じない。僕はすぐ部屋を飛び出し、大原先生の部屋に駆けていった。

ドアを叩きながら、

「先生！僕の部屋に、知らない女の子がいるんだ。

ちょっと来てみてよ」

と叫んだ。

「馬鹿者！明日の朝まで泊めてやれ」

先生の迫力ある怒鳴り声が返ってきた。

朝、三人の顔が会うと、大原先生が、

「さあ、朝飯を食いに行こう。俺が案内する。早く正装に着替えてこいよ」

と言った。タクシーで出発。着いたところは市中にそびえ立つ高層ビル。アンバサダーホテルと教えられた。

上階のホールに直行。テーブルに着いた。

ホテルの女の子が、ステンレス製の手押し車を押して近づいてきた。車の上には、幅一メートルほどの金属製の箱が置かれていた。フタを取ると、箱の中には、僕達が見知っているなじみ深い料理や、初めて見る珍しい料理などが、所狭しと並べられていた。箱は料理が冷めてしまわないように、下から火力で温めるように工夫されている。

僕は、お粥と蒸したてのシュウマイなどを選び取った。

「いやあ、このシュウマイの味は抜群だよ、先生。なんだか今朝は、総理大臣になった気分だ」

「そうだろう。こうすれば、ここに泊まらなくったって、誰でもこうして最高の朝飯を食えるんだ。どうだい！こういう朝の気分もまた格別だろう？」

大原先生は、このホールのこの上ない豪華な雰囲気を、再確認するように、周りの神士、淑女に視線をめぐらしてから、一人うなずいて、ちょっと胸をそらせた。

宿に戻ってからの電話で、やっと陳さんと連絡がとれた。

陳さんが承知していた今回の僕達の旅行日程は、なんと一ヶ月前だったというのだ。A先生の勘違いで、一ヶ月前、陳さんに待ちぼうけを食わしたことになる。

隙さんはヘソを曲げているらしかった。今夜のホテルの予約はとても無理だと断られた。

柳さんに電話で事情を説明して、今夜の宿も頼むことにした。

世話好きの柳さんは、別れが先に延びたと言って、むしろ大喜び。午後から暇をつくって三人を案内してくれるという。

午前中は近くの寺院や台北駅、市内をぶらぶら散歩して過ごした。

昼は大原先生が屋台のような小さな食堂が立ち並ぶ食堂街へ連れていってくれた。

ここでは大原先生の中国語がものをいう。

一軒の店に入り、ラーメンを頼んだ。油で揚げた鳥のモモ１本が丸ごと丼の中に入っているのには驚かされたが、味は抜群だった。

「先生は、よくまあ、こんなところまで知っていますねえ。それに先生は、何たって面倒見がいい。感心しちゃうよ」

僕は食べながら正直な感想を述べた。

「おだてたって何も出ねえよ。ただ、折角ここまで来たんだもの。これが本場のそばの味だよ。どうだい。それに、このスープの味。コクがあって、さっぱりしてて、何ともいえないだろう」

彼は僕達の食いっぷりを満足そうに確かめてから、自分も音をたてて丼の中のスープをすすりこんだ。

一旦、宿に戻り、柳さんと待ち合わせてから、午後は、蒋介石の墓所、高砂族の居住区などの見物に出かけた。いくらか曇り気味だ。

市街を離れると、木々の緑がすがすがしい。

「フォーモーサー」とはポルトガル語の「美しい」に由来するというが、タクシーの窓から見る景色はなるほど、美しい。

蒙古を愛する大原先生と、祖国を愛する柳さんとは、どこか周波が合うらしい。二人の話題は、半世紀にわたる日本支配、本省人、高砂族、外省人との混在など、過去、現在の台湾が抱える難しい問題にまで及んで、なかなか熱心な会話がくりひろげられた。

街道のところどころに吊り下げられた「大陸回復」「反

共復国」などと書かれた横断幕や、墓地を守る兵士の存在が、僕たちにも一見平和そのものに見えるこの国が、今なお戒厳令下にあることを思い起こさせずにはおかなかった。

すっかり大原先生と意気校合してしまった柳さんは、僕達が頼みもしないのに
「明日もまた、みんなを案内してあげる。お店は、従業員いるから大丈夫よ」
と、ひとり勝手に決めてしまった。
最後の夜は「月世界」とかいう市内で一、二を争う「高級酒席」で旅の思い出を作ることになった。

前もって、柳さんが電話で予約をとってくれた。

支配人との交渉がすむと、ボーイが三人をひとつの部屋に案内してくれた。外からは、何の変哲のないビルに見えたが、二十畳ほどの部屋の内部には、朱塗りの柱、緑の欄間、大理石の床、高級調度品などによって、「豪華な中国」の雰囲気がかもしだされていた。

大きな丸テーブルを囲むように、何脚もの椅子が置かれていたが、ボーイは三人を離れ離れの椅子に導いた。

テーブルの上には、酒と料理が次々に運び込まれた。

再び扉が開くと、今度は色とりどりの中国服を身にま

とった華やかな女性達が入ってきた。

彼女達は、ほほえみながら、僕達の両隣の椅子に一人ずつかけた。

そこはかとなくただよう脂粉の香り。

「イラッシャイマセ」

右の一人が料理を小皿に取り分け、左の一人が酒を推めてくれた。

「みんな揃って、美人だねえ。びっくりした」

「アナタ、オセジ、オジョウズ。アナタ、イケナイヒトネ」

今度は、右の一人が、やさしい仕草で酒を注いでくれながら、軽くにらむ表情をしてみせた。

僕はクラクラッと甘い感じのめまいにおそわれた。

彼女らは時々席を変わって、それぞれのもつ魅力を至近距離から強力にふりまいた。

僕は、抵抗力が身体の中から少しずつ減弱してゆくのを感じないわけにはいかなかった。

下腹に力を入れ、ともすれば弛みかける表情筋をひきしめようと、人知れぬ努力を払っていた。

A先生も一種の攻防戦を戦っているように見えた。

大原先生だけは、まるで普段と変わらず、ごく自然な様子に見えた。彼のまわりには少しも緊張感というものが感じられない。

彼女らにも杯を持たせ酒を推め、日本語と中国語とを適当に使い分け、どうやら冗談も混ぜているらしい。

彼の周りからは、時々楽しそうな笑い声が上がった。

酒はかく楽しく飲むべし。彼は身をもって、僕達に飲み方の見本を見せてくれているように思われた。

酔うほどに、僕の抵抗力も頼りなくなってきていた。

僕は心の中で呟いた。

「なるほど。今夜の僕は龍宮城における、かの浦島太郎ってわけだ。よし、今夜は乙姫さまのお酌で心ゆくまで飲みましょう」

ようやく佳境に入りかけた頃、大原先生は手の合図でボーイを呼んで、何事かを耳打ちした。ボーイはうなずいて去った。

ボーイが再び戻ってきて、彼の耳に顔を寄せた。報告をしているようだった。

「一足お先に失礼する」

彼はひょいと椅子から立ち上がり、片手を上げて挨拶すると、あっけにとられて見上げる僕達を尻目に、くるりと背を向けて、さっさと扉に向って歩いていき、あっという間に部屋から消えてしまった。

彼の隣に居た白磁を連想させる楚々とした美人が、椅子から立ち上がった。僕達に軽く会釈をしてから、まるで彼を追いかけるように、彼女もまた、扉の影に消

えた。

この時になって、初めて僕は、羽田におけるあの「超人的忍耐力」の謎の一部が解けたように感じた。それにしても、彼の垢ぬけた立ち居振る舞いには改めて感服させられた。

それから間もなく、また一人の美人が席を立って消えた。

「じゃあ、一足お先に」

たったそれだけ言い残して、A先生まであたふたと部屋から出ていってしまった。

＊

短い夜が明けた。

空はどこまでも青く澄んで、まぶしいほどの快晴だった。

あまり気温の上がらない朝の中に、挨拶を兼ね、市の中心部にある陳さんのビルを訪ねた。

顔色の浅黒い、でっぷりと太った長身の男が、愛想よく僕達を迎えてくれた。

「私はね、戦争中、日本の水兵でしたよ」

そう言って自己紹介した。それが陳さんだった。

店の二階は、木の彫刻や家具などの調度品が置かれて

いて、小さなデパートの趣があった。

どこへでも送ってくれるという。

Ａ先生は大きな家具などを買った。僕と大原先生の二人は、必要な土産をすでに柳さんに頼んであったので、買うものがなかった。空港の免税店で買う予定にしていた「シャネル」の香水のことを思い出した。陳さんに尋ねてみると、免税店よりむしろ安い質段で買えると保証してくれた。そこで、数人分の香水を買ってもらうことにした。

陳さんは店を出て、暫くすると、香水の包みを手にして戻ってきた。

買い物を済ませてから柳さんと合流。タクシーを利用して寺院などを訪ねた。

途中、祭り、葬式、結婚式などに出くわし、もの珍しい風習を垣間見ることができた。

昼食は柳さんが推めてくれた、キールン港近くの田舎町にある「海鮮料理店」に行った。

外見も内装も、日本で見るありふれた中華料理店と殆ど変わらなかった。席に着くと、店の主人がメニューを持ってきた。海、斑、暇、飽などどうにか読める字も混ざっていたが、むずかしい漢字の行列にはさすがの大原先生も音をあげた。柳さんに一任した。

前菜の南瓜の種をつまみにして、雑談をしながら待つ

ほどにはや紹興酒を注いで乾杯。やがて料理が運ばれてきた。歯ごたえが程良く、軟かく煮込まれた鮑の蒸し煮。とろりとしたタレと一緒に、飴色に煮込まれた、はがき大の大きさの分厚いフカの鰭。真っ白な泡立つソースで和えられたゆでた伊勢海老。殻のまま、甘辛く煮込まれた蟹。

さすが、柳さんの推める本場の海鮮料理は、そのどれもが期待を裏切らなかった。それぞれの料理のもつ微妙な奥深い味が、三人を豪華な味覚の世界に引き込んでいった。

食事を済ませると、「花蓮」とかいう景勝地まで足を延ばすことになった。

丘の上からの海の眺めが素晴らしいという。

山の中の一本道を、一時間ほど走って到着。車を降り、坂道を途中まで上った。

腕時計を見て驚いた。昼食を堪能しているうちに、思いがけないほどの時間がたっていたのだ。

「みんな、ちょっと待って。時間がない。

空港まで、どうしたって二時間以上はかかるでしょう。

もう間に合わないかもしれない」

さあ大変。全員、坂道を転がるように駆け下りて、待たしてあった車に飛び乗った。車は今来たばかりの道を全速力で突っ走った。スピードは生理的恐怖を呼ん

だ。

三十分ほど走ったところで、エンジンが焼きついて車は山道でストップしてしまった。もうてこでも動かなかった。

代わりの車は近くの田舎駅まで歩いていって、やっとさがした。スタートして間もなく、交通事故による渋滞に遭遇。一転、のろのろ。渋滞を切り抜けて、再び猛スピード。この車も台北市を目前にしてエンジンストップ。二台のタクシーを乗りつぶした。

この間、僕はハラハラ、ヒヤヒヤのしどおし。

大原先生だけは泰然自若。わざわざ乗り遅れて、もう一晩泊まっていきたいのではないかと疑うほどだ。

車を降りると、日が急にかげり、雨が落ちてきた。

そこにちょうどいい具合にブルーバードが通りかかった。それに乗り換えた。ドアもガタガタの年代物。しかし、この車の運転手は、日本車のエンジンへの信頼は抜群だと言った。

市内に入ると道は人と車であふれかえっていた。神業とも思える絶妙なハンドルさばきで、人と車をかき分けながら、一路、空港へ急いでくれた。

時間ぎりぎりに空港到着。

空港は閑散としていた。台風のため、僕達の乗る飛行機を除いて、全ての便は欠航だという。勇気ある飛行

機に祝福あれ。

柳さんとは挨拶もそこそこに、殆ど駆け足で機内の人となった。

飛行機は夜の闇に向かって飛んだ。やがて、暴風雨の中に突っ込んだ。機体はガタガタと揺れ、しばしば安定を欠いた。そのたびに悲鳴が上がった。

台風の目の中に入って揺れなくなるまで、悲鳴は断続的に続いた。

日本に近づいた頃、飛行機は再び台風の目から暴風雨の中に飛び出さねばならなかった。

飛行機は前後左右にガタガタと揺れ始めた。今にも落ちるのではないかと思われるほど体が傾き、めまいがする。落ちないと判っていても気味が悪い。再び悲鳴が上がり、しばし機内は騒然とした。

大原先生だけは、いつものすまし顔。

やがて、暴風圏を抜けた飛行機は何事もなかったように深夜の羽田空港に安着した。

*

空港に預けてあった車で帰路についた。

日本の夜景が、ことさら美しく見えた。

「また、いつかこのメンバーで行こうか」

と大原先生が言った。

「行きましょう」

と僕が相槌を打った。

「行こう。行こう。必ずだぞ」

とA先生が続けた。

「この次は柳さんに頼みましょう」

と僕。

「陳さんだって、今度は大丈夫だよ」

とA先生。

「さて、この次は五年先か、十年先か。そうだ、十年たつと俺はそろそろ年金をもらえる年になるんだなあ」

と大原先生が呟いた。

「その頃じゃあ遅いかもね。だって、その頃には、先生ヨイヨイになっているかもしれないじゃないですか」

「馬鹿いっちゃあいけない。十年たったって君より若いさ」

彼は自信に満ちた表情で、助手席の僕のほうを見て、ニヤリと笑った。

「次の旅行、必ず実現するぞ。それはそうと、さっき香水を買っていたね。よく偽物の話を聞くぞ。人に贈る前に、念のため、調べてみろよ」

そう言うと、彼は車の室内灯を点けてくれた。

「まさか？」

でも、僕は念のため、バッグから香水の包みを一つ取り出して包装紙、箱、瓶という順に調べていった。

「大丈夫。本物ですよ」

「そうだろう。陳さんが偽物を売るわけないよ」

Ａ先生も後部座席から前の席に身を乗り出した。

「どら、貸してごらん」

大原先生は片手でハンドルを握りながら、一方の手で香水の箱を受け取ると、何度か目の前にかざして見た。

「残念ながら偽物だ」

箱を僕の手に返しながら、

「良く見てごらん。このシャネルのマークのわっかには切れ目が入ってない。

そっくりだけどね。このマーク、ただの丸二個が組み合っているだけだ」

と説明してくれた。

信じがたい思いで、シャネルの文字を何度か読み返してみると、綴りのＮであるべき位置にＲが差し替えられているのに気付いた。

「ほんと、偽物だ。これ、シャネルじゃなくて、シャレルだ」

と僕は、僕の発見を報告した。

「あはは……。陳さんも味なことをやるなあ。ちゃんと酒落になっている」

「偽物に正規の値段を払ってきたんですよ。酒落にもなんにもならないですよ」

「いや、洒落てるって！」

重ねて言われて、僕もやっと気がついた。

「あっ！そうか。ほんとだ、洒落になっている。「シャネル」じゃなくて、『シャレル』だからね」

「あれ、ほんとだね。こりゃあ面白いや。洒落てる、洒落てる。あはは……」

Ａ先生まで面白がった。

二人が交替しつつ断続的に笑うので、僕まで何だか急に可笑しくなってきた。

一度笑い始めると止まらなくなった。高速道路をひた走る車の中で、三人はひととき危険をも省りみず、笑いころげた。

二　戦友別盃の歌
（故小倉先生を偲んで）

「せっかく、お休みのところ、申し訳ないなあ……」

二年四月二日、午後１時に近く、昼休みでまだ誰も居ない診察室に、いかにも春を感じさせる明るい色のスーツに身を包んだ、長身の小倉先生が入ってこられた。

上品でしかもどこか垢抜けした身だしなみには、いつものことながら感心させられる。

近くのホテルで行われたロータリークラブの定例昼食会の帰途、立ち寄られたのだ。

「二月末、蝶を採っていて転んでね。岩にぶつけたところがしこりになって、なかなか小さくならないんだ。血が溜まっているらしい。この前のときのように抜いてもらいたいと思ってね」

言われてみて思いだした。

以前、肘にできた血腫を穿刺したことがあった。診察台の上で、彼はズボンをたくし上げて、右大腿を露にした。

なるほど、大腿略中央外側に縦八センチ、横七センチ、表面平滑、弾性軟、波動を伴う球状の腫瘤があった。大腿外周で左右差二センチある。両手で圧迫して確か

めると、軟式テニスボールを掴んだときのような抵抗があり、間違いなく血腫であるように思われた。

僕は試験穿刺を試みた。

二センチほど、注射針を刺入してから外筒を固定し、内筒を引いてみた。一瞬、いやな予感めいたものが脳裏を横ぎった。はたして内筒を引くと、指さきに僅かな抵抗を感じるのみで、注射器の中に生じた空間を満たしてくるはずの血液はおろか、一滴の液体も吸入されてこなかった。

そのとき、電気に触れたように、はっきりと予感の正体に気付かざるを得なかった。

〈肉腫？！〉

僕の頭からサッと血の気が引いていった。僕は自らに冷静になることを命じながら、注射針を引き抜いた。

「どうも、真性の腫瘍かもしれません。筋肉起原のようですけれど。ええ、脂肪腫かもしれませんね。いずれにしても念のため、設備の整ったしっかりした病院で診てもらいましょう。県立がんセンターでよければ様子を聞いてみますが……」

僕は彼の了解をとりつけるや、早速がんセンターに電話した。

知り合いの医師を電話口に呼び出し、事情を説明し、その場で可能な限り近い日取りで整形外科の受診予約

をとってもらった。

がんセンター外来で行われた生検の病理診断は、やはり悪性のものだった。

受診予約をした日から数えてちょうど一ヶ月後、根治的腫瘍摘出術が行われた。

約三年を経た平成六年六月二十日早朝、長く苦しい闘病空しく、ついに彼は帰らぬ人となった。

行年七十一歳。

彼は東京の良家に生まれた。

長じては、彼自身が強く憧れた「北海道」で高等教育を受けた。

洗練された都会的な面と、少年のように純朴な面とをあわせもつ。彼の身嗜、口調、立ち居には、育ちの良さに加えてどこか清冽な雰囲気が伴っているように感じられた。

彼は、品位、智性、美しさを重んじた。彼の作った秀れた詩が、いくつかある北大寮歌のひとつとして、正式に採用されていることを知る人は少くない。

医師会、休診診療所開設準備、開設、運営、医師会会計監査など、事に当っては、常に冷静理智的、かつ情熱的に対処してこられた。

彼のもつ強い責任感も、彼に接したことのある人々が等しく認めるところだ。

大事にされている貴重な蝶の標本や写真のアルバムを喜んで見せてくださり、彼が体験した珍しい蝶や旅にまつわる「思い出話」を楽しそうに聞かせてくださった。

あれこれが懐かしく思い出される。

昭和十八年十月二十一日、東京明治神宮外苑陸上競技場で出陣学徒壮行会が行われた。

雨中、銃を担ない整然と行進する大学生の絶え間ない隊列。スタンドを埋めつくし、それを見送る大勢の人々。

彼はまさにグランドを行進する「捨て石の世代」に属した。

日本の敗色、日増しに濃くなりつつあったある日、彼はある映画館の暗闇の中に身を置いていた。ニュースが始まり、映像はやがて特攻隊出撃の場面に切り替わった。

エンジン始動し、まさに飛び立とうとする戦闘機。操縦士が座席の中に身を沈める前のひととき、風防にもたれ、上半身を露にした姿勢のまま虚空を眺めている。大写しになった飛行帽に包まれた操縦士の横顔を見たとき、彼は思わず声にならない声を上げた。

その横顔は、学徒出陣していった何人かの同級生のなかの一人。しかも、よりによって格別に親しくしてい

た彼のよく知る学友のものだったのだ。

「彼はとても頭が良く、しかもハンサムでね。人柄も良かったから誰にも好かれていた。何しろいい奴だった。あんな時でさえ、何ともいえない良い表情をしていたんだ……。あの素敵な男がもういないんだ……。そして自分は生きのびている。そう思った途端、後ろめたいなあ……。何か急に自分のことが気恥しく感じられてね。今でも、飛行服姿の彼のことを、ときどき思い出すんだよ」


病室に彼を見舞うと、思い出話のほか、そのときどきの症状や治療法などについて報告してくださった。

すでに遺言を書き終え、身辺整理終了。多数の蝶の標本の寄贈先も決まったことなどを淡々と伝えてくださった。

僕にとっては、会話の中で語られたこの「先に逝った学友」の話が、なぜか最もに残っていて忘れがたい。

二年を過ぎる頃には、発育しつづける腫瘍はすでに大腿全周を取り囲み、表面は八つ頭のようにゴツゴツと隆起し、触れれば石のように硬く、いかにも凶悪なその本性を露にしていた。


100パーセント成功したかに思われた最初の根治手術。

同局所再発。同再手術。あえて大腿切断術を選ばなかった。

再々発。

薬物療法、放射線療法、温熱療法、動脈注射療法など、いずれも強い苦痛を伴う治療がつぎつぎに試みられた。

やがて肺転移。胸水貯留。

この間、外来治療に合わせ、何回かの入退院を繰り返した。

彼は人としての尊厳をもって、頑強凶悪な病魔との不利な戦いを最後まで果敢に戦い抜いた。

「こうして、天井を見ているだけで、吸い飲みの置いてあるその机のところまで手を伸ばすことさえできない。もう、自分一人の力では、飲みたいとき水も飲めなくなってしまった。できることなら、もう一度だけ、診察室に戻って、診療をしてみたかった」

末期に近い頃、見舞いの知人にもらした言葉だという。

もっともっと、いろいろな話題について、話を聞かせていただきたかった。せめて、もう一度だけでもという思いが強い。

しかし、今となっては、全ては詮ない。


目を閉じれば、先に逝った奥さま、学友達に囲まれて、楽しげに談笑する彼の姿が思い浮かぶ。

詩人であり、また強き戦士でもあった彼に、つつしんで一編の詩を捧げよう。
その詩をもって別れの言葉にしよう。

『戦友別盃の歌』

言うなかれ、君よ、わかれを
世の常を、また生き死にを
海ばらのはるけき果てに
今や、ただ何をか言わん
熱き血を捧ぐる者の
大いなる胸を叩けよ
満月を盃にくだきて
暫し、ただ酔ひて勢へよ
わが価くはバタビヤの街
君はよくバンドンを突け
この夕べ相離るとも
かがやかし南十字を
いつの夜かまた共に見ん
云うなかれ、君よ、わかれを
見よ、空と水とうつところ
黙々と雲は行き、雲はわけるを

大木惇夫 詩集『海原にありて歌へる』より

三　東京山の手大空襲
(故芝崎正男先生を偲ぶ)

「呼んだタクシーが、なかなか来なくってねー、また道も混んでた」

すでに宴席に着いていた仲間の前に、前回寒さを理由に欠席した芝崎先生が、元気そうな姿を見せた。

これまで、殆ど毎回、地元の「ふなばし」で開かれてきた例会だが、「駅に近く、良い店」をという要望にこたえ、平成13年春の例会は始めて、京料理「小川」に移し、開かれた。

好評だったので、この時の臨時会もひきつづき、「小川」で開かれた。

雅なたたづまいをもつこの店の粋な和座敷は、石づくりの床から50センチ程高い位置に作られている。

周囲から出された手を「大丈夫、大丈夫」と断り、障子の間から、動作こそやゝ緩慢にみえたが、危なげなく自力で座敷に上がった。

「アレッ！？　奥さまは？」

「今夜はひとりだ。エレベーターがあるから心配ないといって断った」

嬉しそうな笑顔で、少年のように答えた。

数年前から、「腰痛、体の動きがぎこちない、ひとり歩きが心配だから」と、会場まで、毎回奥さまがつきそってくるようになった。

宴たけなわの頃、再び奥さまが迎えに現われる。

「まだ早い。中座は残念」

名ごり惜しさを背中に見せつつ、仲間の拍手に送られ退席するのが習慣となっていた。

設立から10年、会員数は100名近くまで増え、上尾医師会は、北足立医師会から分離独立を果たした。

市の古い建物を借り受け、会務と准看護学校運営を行ってきたが、独立を機に建物を新築し、そこに移るという計画が、俄に具体化されようとしていた。

昭和51年、７つある各ブロック毎に、急きょその賛否を問う会議が招集された。

第１ブロックでは、ブロック長狩野先生宅に、芝崎、小倉、山崎、久内、清水、宮之原、柿沢の９名全員が集結した。

始めて芝崎先生と対面した。

年長であり、体格良く、真面目そうな風貌から、「ちょっと、近づきがたい」という印象を受けた。

席上、少しかすれるような特徴ある声で、彼は淡々と意見を開陳した。

夢ある良いことづくめの計画と思われていたが、彼の

冷徹な分析を基に、権利、収支関係などにおけるいくつかの問題点が浮き彫りにされた。「気むずかしい頑固オヤジでは？」という第一印象は一気に霧散した。

仲間は自由闊達に発言、議論は深まり白熱化した。

絶対賛成の流れに逆らい、第1ブロックが出した結論は「反対」だった。

執行部の説得に応じるまで、仲間の結束固く、徹底反対の姿勢をなかなかくずさなかった。

執行部を大分悩ませたらしい。この間、何度か開かれたブロック会議が仲間意識を育てるのに、おおいに貢献したのだろう。その後長く記録を更新することとなる「第1ブロック全員出席」という誇るべき伝説はこのとき生まれたのだ。

併設されることとなった「休日診療所」の設立、運営には、小倉先生を中心とする第1ブロックの何人かのメンバーがこれに関わり、迷惑と面倒をかけた執行部に協力し、汗を流した。

翌昭和52年、「医療センター」は理想的な姿で見事に完成した。

その後、少なくとも年1回、多いときには3回ブロック会が開かれることとなった。昼の臨時会を除けば、夜の会議のあとは必ず酒宴となった。

酒量は「一滴も駄目」から「底なし」までそれぞれに

ムラがあったが、毎回全員が顔を揃え、この酒席を愛した。

彼の酒量は丁度中間あたりだったろうか。顔面を適度に紅潮させ、人柄の良さがにじみでた柔和な表情で、談論風発、笑声頻発、周囲の雰囲気を和やかな春風駘蕩の境地へと導いていった。

律儀に盃を重ね、思わずよろけ、後にひっくりかえり、あたりを慌てさせたこともあった。

「小川」で過ごす時間は、またたく間に過ぎ、お開きとなった。各自、席を立ち、順に靴を履き、土間に降り立つ。

迎えに見える奥さまの姿は無かった。

「鬼の居ぬ間に、もう一杯つきあいませんか」

「いいねえ。今夜はつきあおう」

二次会の約束をしていた平嶋先生と、彼を両脇から支えるようにして、すでに人影の絶えた店内のカウンターに席を移した。三人肩を並べ、椅子に座る。

「御出身は、たしか東京でしたよね？」

「ウン。牛込で生まれ、渋谷で育った。代々木練兵場に近かった。子どものときから兵隊達の行軍など見て育ったようなもんだ」

「じゃあ、戦時中もですか？」

「疎開できなかったからね。市立横浜医専を受けたら、

受かったんだ。ただの兵隊は、とてもつとまらない。でも軍医なら何とかつとまるんじゃないかと思ってね。渋谷から横浜まで通った。家を焼かれた後、練馬に住んでいた義兄のところに転がり込んで、そこから卒業するまで通った。片道２時間はゆうにかかった。食うものが無くて、腹へってなあ……。あの時期が、いちばんつらかった」

「僕は疎開してましたけど、大森の郊外にあった僕の家は、５月25日の大空襲のとき焼けたんですよ。まるで田舎みたいなとこでしたけどね」

「そうか……？俺んとこの家が焼けたのも、まさにその日だったんだ。海軍記念日の前々日。勿論東京に居たさ。

夜の10時半、警報発令。それから２時間半、翌朝までＢ−29、250機が東京の空に居たんだ。３月10日は陸軍記念日だったが、米軍はあの日焼き残した東京を、完全に灰にしようとしたんだ。牛込、渋谷、麹町、中野、赤坂、小石川など、とくに山の手がこっぴどくやられた。焦土作戦だな。都内だけでなく、横浜、川崎、浦和までやられた。このとき宮城の一部、大学、病院、大使館まで、いくつも焼けたんだ。

焼夷弾が落ちてくるとき、「ザーッ」と夕立ちのような音を立てるんだ。厭な音だ。地上はアッという間に

火の海さ。あの夜の東京はまさに地獄以上だったよ。自分の家が燃え出すのを見たが、消火なんて、とても出来たもんじゃない。逃げるのが精一杯だった。道玄坂を登ろうとして、坂の上を見ると、もうそこも真っ赤なんだ。絶望したね。今でも、その炎の色を思い出せるよ。逃げ回っている間中、『ここで死ぬのか？』、『死んでたまるか』その思いが交互に頭の中に浮かんできた。助かったのはそれが運命だったからだな」

「先生が、あの日、火の中を逃げ回っていたなんて、ついぞ今の今まで想像したこともありませんでした。驚きました。その経験は、でも無駄にはならなかったんでしょう？」

「まあ、以来、日本もアメリカも、味方であれ敵であれ、国というものをあまり信用しなくなったな」

この夜、彼は機嫌よく、おおいに語った。彼の姿を見るのは、この夜が最後となった。

彼の欠けたその後の宴席には、ポッカリ穴が空いたようだ。どこか画龍点睛を欠くといった雰囲気になった。穴はまだ埋められていない。

さりげなく、古里の山や川の役目を演じてくれていたのだと今にして思いいたる。

平成４年狩野（68才)、同６年小倉（71才)、

同13年久内（68才）、同15年山崎（87才）

の各先生が他界した。

昭和59年本田、同61年平嶋、平成４年玉城、同10年鄭、同13年吉岡、同17年渡辺及び、彼の子息芝崎の各先生が入会した。

平成17年３月のブロック会には、彼に代わり子息の芝崎正順先生が初参加した。

この席で、父の近況を尋ねた。

「大分、弱りました。何とか診療つづけています」

無事の報告を受け、とりあえず安心していた。

医師会からの電話で、彼が９月７日亡くなったことを知らされた。享年80才。

仲間には、病苦について、ひとことも伝えることなく、自宅で、子息に脈をとられ、ひとりひっそりと、この世を去った。

優しい人柄が偲ばれる、いかにも彼らしい、人生最後の幕のひき方だったように思われた。

この日に先立つ、平成18年８月、「えびす亭」で開かれたブロック会には、好しいことに全員の顔が揃った。

久し振りの「全員出席」が再現されたのだ。

時代の流れは、早く激しく、又きびしい。

困難を切り開き、新しい理想の医療を造りだす原動力になるやもしれぬ。

再び、「第１ブロック全員出席」の新しい記録が更新されていく予感がある。

それは仲間の願いであり、またこれまで支えてきてくれた先輩達の願いでもあるだろう。

あらためて、芝崎正男先生を偲び感謝したい。

心から、御冥福を祈る。

合掌

四　千葉大学文理学部26Ａ
(故今村恵先生を偲んで)

梅雨明けを告げる空気の爽やかさを肌に感じるようになった或る日の午後、

待合室とを隔てる診察室の扉が、そっと押し開かれ、

その隙間から、こちらをうかがう視線に気付いた。

「誰？」

考える間も無く、ドアが開き

「やあ……。やっぱり君だった」

弾んだ明るい声と一緒に長身の男が部屋に入ってきた。

透明感があり、やや低めにひびく男性的なその声に聞き覚えがあった。

僕は思わず椅子から立ち上がり、両手を拡げ彼を出迎えた。

記憶の外に押しやられていた、キャンパスの景色が、

眼前に浮かび上がった。

「こんど、開業することにしたんだ。今、医師会で入会手続きを済ませてきた。

そこで、たまたま君の名前を発見した。本人かどうか確かめにきたんだ。良かった」

「会えてうれしいよ。暫くだったね。ともかくそこに

座って。お互い、もう40歳。あっという間だね。あれからもう20年も立つんだなぁ」

話し始めると、思い出が次々に沸き出す。なつかしい記憶がより鮮明に蘇ってきた。

尋常小学校に入学、途中から名称の変わった国民学校を卒業。中学校に入学したその年の夏、日本は戦争に負けた。中学を卒業する筈だった僕達が卒業したのは、高等学校だった。明治以来の学校制度が、米国にならい、男女共学、6、3、3制に切り換えられたためだ。

各地に存在した高等学校、師範学校などの公的高等教育機関は一旦廃止され、一県に一校新しく作られた4年制総合大学の一学部として生まれ変わった。帝国大学は名称から帝国という文字が削除された。

新しく作られた国立大学は、「地方大学」、あるいは「タコの足大学」と呼ばれた。入学試験は最初に行なわれる一期校と、その合否発表直後に行なわれる二期校と前後二回に分けて施行された。

千葉大学は医学部のみが一期、他の学部は二期とされた。医学部だけは別格の4年制とされ、一般大学に受験資格を得た者のみを対象に入学試験を課すという二段がまえの6年制となったためだ。

一般大学には基礎教育として、二年間の教養課程が義務づけられた。千葉大学は、このための施設を国鉄稲

毛駅近くにあった旧陸軍の跡地に作った。

広大なグランドと広場の中に点在する新旧のいくつかの木造平屋建ての教室や実験室などから成る。

ここに、文系、理系を問わず、幅広い学問例えば法律、心理、物理、数学、語学などなどを専門課程として学ぶ４年制の「文理学部」が併設された。この学部のカリキュラムは医学部受験資格を得るのに最適とされたため、医学を志す受験生が多かった。

昭和26年、この学部を受験した者の数は2,500名を越えた。この学部の定員160名と薬学部40名、合計200名がひとクラス60余名づつ、A、B、C三つのクラスに編成された。

大戦は国民に筆舌につくしがたい苛酷な犠牲を強いた。

終戦日を挟む前後３年を一年毎の輪切りにし、並べて比べれば、その断面はまるで違ったものに見えるといった人がいる。

学校生活でも、一学年違えば、それぞれが体験したものは随分異なったものとなった。女子２名を含む昭和ひとけた生まれの同級生も、一期校受験失敗体験という共通項を除けば、この時代を映し年齢、経歴、出身地などバラバラで、まことに多様な個性が集まった。

彼とはこのＡクラスの新入生として初めて出会った。

地方出身者の多いなか、彼のかもすどこか洗練された

都会的雰囲気がひときわ目立った。

東京生まれ、東京育ち、同年齢、疎開体験、自宅通学など共通項が多かったが、名門日比谷高校卒の孤高の秀才、垢抜けた貴公子風の外見から何となく近付きがたいような印象を持った。

声をかけてみると、ごく自然な調子の返事が返ってきた。少しも緊張することなく、ごく自然にうちとけることができた。

外見からは想像ができなかったが、「落語」、特に寄席で「生」を聴くのが趣味と聞き、急に親近感を覚えた。又その面の造詣の深さには脱帽せざるを得なかった。

接点が増えるにつれ、彼の誠実さ、温かさ、優しさに気付かされる機会が増えた。

戦後不況のなか、庶民の多くは生活苦にあえいでいた。恵まれた立場を与えられた若者達は、戦後の食料不足、物不足のなか明るい未来を信じ、競って勉学に励んだ。新しい文化の混交は、新しい刺激と緊張を生む。感性鋭く詩人の如く、しかし交わりは淡々と君子の如く、この恵まれた環境のなか、最も多感な時期を過ごした。良く学び、良く遊ぶ旧制高校生のような青春を謳歌した。

他人を認め、己を知り、それと気付かぬ間に友情が育っていった。２年を過ぎる頃には、級友同志互いを

敬愛するまでになった。ここでの生活は、ひとりひとりに良き友人と、青春時代の思い出というかけがえのない生涯の財産を残した。


２年を経た昭和28年春、約半数が医学部進学などの理由でこの地を離れた。

彼は「独乙文学」を専攻するためここに残った。学部卒業後、慈恵会医科大学に進学。卒後母校の整形外科教室入局。博士号取得。大宮総合病院勤務。医長職を辞し開業。

この20年の間に私的には入院、胃切除を経験、結婚。２児に恵まれた。趣味に加えたゴルフの研鑽に励む。

医師会入会後、上尾ロータリークラブに入会、奉仕活動開始。３年後、上尾市医師会理事に就任。

同会監事、同准看護学校副校長、同休日診療所副所長、複数の対外委員、学校医などを歴任。

会内では、福祉厚生、総務、広報、学術を担当。

地域では、特に側弯症集団検診の制度化を始めとし、骨粗鬆判定委員会、リハビリ等の専門分野で精力的に活動し、大きな成果を挙げた。

これ等の貢献に対し、県知事、県医師会長、上尾医師会長による表彰は通算10回に及んだ。

彼が担当した学術講演会は40回。その記録を見ると

彼が企画の段階で「ただただ会員に役立つものを」という視点で、毎回演題と講師選びに、いかに真剣に心を砕いていたかが伝わってくる。同じことは彼が担当した5回の会員旅行についてもいえる。毎回、超一流旅館宿泊など、参加者に特別豊かな楽しい旅の思い出を残してくれている。ゴルフ担当理事では当初8名だった会員数を33名にまで増やしたという実績を残した。

与えられた責務を、ひたすら真心をこめ、黙々と果たす。あらためて彼の愛のある心優しさと、律儀な生き方に気付かされる。

再会から4年経った頃、始められ、今日まで続く級友会がある。

常連だった彼に誘われ何回目かに僕も出席し、以来今日に至っている。最盛期には同級生の半数近くが集まったが、最近は鬼籍に入る者も増え、常連の10人余と減った。年一回の例会には、時に長崎、仙台、豊岡などの遠方から駆けつける者もいる。

彼はこの10年程、欠席を続けていた。

定例医師会の会場等で彼に会う機会があれば、その都度会で得た仲間の最新情報と、「顔を見たい。次回こそ必ず出席するよう説得せよ」という僕に対する仲間

のいつも同じ命令を伝えてきた。
「嬉しいね。次回にはきっと出席するよ」というのが彼の決まった答だった。
幹事は毎会、会の消息を記した通信を配送してくれる。
「稲毛で逢ってから60年」という節目の号に彼への次のようなメッセージが載せられた。(原文のまま)
「今村惠さんへ　S,T 生
新宿での『クラス会』でお会いしたのがいつだったか、大分前だったように覚えています。昔、大兄が鉄道病院でインターン時代の夏に五能線で日本海の深浦へSさんと3人で旅行しましたね。民宿のような古びた旅館に泊まり、お客は我々だけのせいか素朴な女中さんが酒の相手をしてくれて、大いに盛り上がり、あまりの面白さに畳に笑い転げてしまいましたね。楽しみにしていた筈の夜祭りにも出掛けず、「ヤラレコベーだ」(やられっ放しだ) と叫んでいたのが懐かしい思い出です。懐も寂しく、ただ若さだけの青春！もう一度深浦に行きたいね。お元気で……」

彼は10年程前、県立ガンセンターに入院、2度目となる胃の手術を受けた。
ひとことが添えられた彼の欠席通知が載せられた通信紙が手元にある。

「平成20年・コンパ欠席します。この暑さで体調が優れず、又の機会に参加します」

「平成21年・コンパ欠席します。小生、甚だ食欲が低下しています」


再会直後の一時期、僕がゴルフが出来ないと知るや、殆ど毎土曜、練習場に同行。打ち方を親身に手とり足とり、まことに熱心に教えてくれた。弟子に才能皆無、結局モノにならなかったが元気に溢れていたあの頃の交流が懐かしい。コースにも出た。

自宅、コンパ、旅行、パーティ……接点のあった場面での彼の姿が思い出される。

暮近く、電話器を通して聴いた声が最後のものとなった。彼が特に親しくしていた同級だった整形外科医が、思いがけなく急逝した。それがその時二人で交わした話題だった。

今年に入り、医師として立派に成人した二人の子息に全てを託し、すでに診察の第一線を引いていたという。


当地の桜は予想に反し例年より早く開花、３月末には早くも満開を迎えた。

丁度その同じ頃、彼はにわかに天に召された。

平成25年３月28日

享年80才。
満開の
桜便りや　友の逝き
さくら花
色即是空　友送る
散る桜
残る桜も　散る桜

かけがえのない級友が、又ひとりこの世を去った。


同年４月１日。セレモニー上尾ホールにおいて盛大な通夜が営まれた。この時、彼が熱心なキリスト教徒だったことを初めて知った。

大勢の参列者のなか、最近まで大宮日赤病院長だった級友の姿があった。

翌２日の告別式は雨となった。この式にも少なくともふたりの級友が参列した。

式場入口近くの壁面に、供花した人の名を記した長さ60センチ程の白い供花札が、横一列に隙間なく並べられていた。その長い列の中、目立ち易い位置に、千葉大学文理学部26Ａと書かれた一枚があった。

会場正面、彼の遺影を包み込むように、多数の白い花で飾られた美しい祭壇が作られていた。写真の彼は、

僅かに微笑み、おだやかで優しい表情をしていた。献花するひとりひとりに向い「ありがとう。お元気でね。サヨナラ」と律儀に彼らしい挨拶をしているようにみえた。
彼は、彼の優しさを知る人の記憶の中、いつまでも生き続ける。

合掌

五　医者の魂
(故藤村秀先生を偲んで)

歩道脇の外燈に灯がともった。

招待状に同封されていた案内図に導かれ、定刻前、目ざす建物の前に立つことができた。

平成26年３月28日、創立25周年記念祝賀会がギリシャ神殿に似た「大宮離宮」で開かれる。

ロビーには未だ会場に入らず談笑する幾組かの婦人達の姿があった。

大広間のテーブルには、殆どの人が席についていた。

僕は演壇に最も近いメインテーブルに案内された。すでに姿勢正しく椅子に腰を降ろしている伊藤（敏夫）先生の隣の席だった。

「ここに姿が無いのは、残念だなあ」

席に着くなり二人が異口同音に声に出したのは４ヶ月前この世を去った藤村（秀）先生の名前だった。

開会直後、初代校長として最初の挨拶を指名された伊藤先生は檀上のマイクの前に立つと、多難だった開校に至るまでの経緯を簡潔に述べた。

報告の中で、藤村先生が尽くした貢献に触れることを忘れなかった。

記憶の中から彼のことが断片的に思い出されてきた。


上尾市医師会が、北足立郡市医師会から独立して９年を経た昭和51年春、初代大島（正弘）会長に替わり、二代目会長として伊藤先生が選任された。

総務担当副会長には、昭和47年以降、理事として実績を積んできた藤村先生が新会長の右腕として抜擢された。

前年度までの会計担当だったという以外、見るべき実績を持たない僕に、意外にも地域担当副会長という荷の重い役職就任が打診された。

当然固く断った。

「人の一生には、世話になった世の中に、恩返しすべき時がある。今がその時なんだ」

この会長のひとことが僕に受諾を決断させた。

「会計」には僕に替わり上林（茂）先生が就任した。

この時、会長50歳半ば近く、旧制の教育を受けた最後の世代。あとの三人は50才になったばかり、戦後教育を受けた最初の世代。全員が昭和ひとけた。

以来５期10年、この組合わせは変わらなかった。日が立つにつれ敬愛の情が育っていった。

個々の人生の良し悪しを決定づける最も大切な総決算期は50歳代にありという考えがある。

まさにその大切な期間さまざまな局面で同じ苦楽を共にしてきた。その後も、交流は減りはしたが絶えることなく続いてきた。

彼とは、気心の知れた良き友、少なくとも気の置けない良い仲間にはなれたと信じている。

会務は、会員から選ばれた理事、十数名から成る理事会により行なわれる。会にかかわる全ての課題は、理事の討議により解決が諮られる。理事は、それぞれ一国一城の主、理想論あり、現実論あり。これ等さまざまな意見を、短い時間内にひとつの解決策にまでまとめてあげていく。それが彼の大事な役割のひとつだ。

彼は正義感強く、「医は算術」という時の風潮に強い嫌悪感、逆に「医はあくまで人間優先、医は仁術」という固い信念を持っていた。

実績に裏うちされた思考回路を経て練られた実行性のある解決案には、説得力があった。

彼の正論には、どこか少年の一途さを感じさせる清潔感、爽やかさが伴っていた。

会長はその立場にふさわしい人格と識見ともに備え、尊敬されるべき人物で、公的場面にあっては組織の長としての矜持をもち、会の評価を高める隙のない完璧な言動に終始した。

僕に唯一できることは、常に彼等の側に在ること、寄

り添うことのみと考え、それだけを心掛けた。


理事のなか、数名の酒豪が居た。酒豪を中心に同好の士は、理事会終了後、一団となって夜の街へくり出した。僕達も行動を共にすることを常とした。

二次会、三次会と盛り上がり、午前様になることも珍しくなかった。

藤村先生は「夜の帝王」の異名をとったと聞いたことがある。さすが彼の飲む姿にはその名に恥じないものがあった。

クラブなどでもごく自然体でくずれることなく、まず自らを楽しむ。

それから周囲を楽しく愉快に盛り上げるという特技を身につけていた。ホステス達に良くもてた。

彼の父は、物心つくかつかぬかという幼少期の彼をしばしば宴席に連れていったという。

「オヤジの脇に座らされるんだ。すると、芸者が相手してくれるんだ。それが嬉しかったね。芸者の背中にオンブされて、酔っぱらったオヤジと時には雪道を一緒に帰ったもんだ。よく覚えてるよ」

粋で垢ぬけた酒の楽しみ方は父親ゆづりの筋金入りだったのだ。

公的な場でも、酒席では時に歌を歌うことを強制され

る。彼は声量にも声質にも恵まれていた。

悪びれず彼が選ぶ曲は「マイウエイ」、「昴」、このうちのどちらかの一曲だった。

「行く手をはばむものがあればあれ！　いかなる困難があろうとも、俺はくじけない。己が決めた道だ。理想を目指し、己を信じ、勇気をもって進むんだ。どこまでも俺は行くぞ！」

まさに彼自身が目指す理想、彼が憧れる男の生き方そのものだ。歌いながら自らにいい聞かせ、彼自身を勇気づけていたに違いない。僕にはどうしてもそのように聞こえた。

耳を澄ますと彼のあの歌声が甦ってくる。


西洋医学を身につけた彼の祖父が、無医村に近かった上尾宿で、本陣近く中山道沿いに藤村医院を開いたのは明治19年のこと。国中で急速に西洋化、近代化が進む時期に当たる。

しかし、この地方での往診は未だ馬に乗って行ったという。藤村家は士族、馬上の祖父には未だサムライの血が半分程は残っていただろう。

大望の男子が産まれ、長じると旧制一高に合格。卒後

の大学として九州帝大を選び、ここで医師資格を得た。卒後新潟医大に転じ研鑽を積む。この地で結婚、やがてこの世に産声を挙げたのが彼だ。祖父の診療所を引き継ぐため古里に戻る父に連れられ、彼も又この地に移る。学齢期前のこと。以後少年期を含めこの地で育つ。浦高を経て群大に進む。卒後は慈恵医大第二外科に入局、医の心と技術を身につけた。勤務医を経験した後、父のもとに戻る。

昭和49年、父から藤村外科医院を継承。

２年後病院に改変、これを10年後までに６階建てビル百余床の近代的病院、地域における中核病院へと脱皮させた。

更に健康管理センター、「ふれあいあげお」の名を冠した訪問介護、在宅介護支援など高齢化に対応する諸施設、ついで入所者を収容できる「ふれあいの郷あげお」を開いた。

診療と介護のため、それぞれに求められる収容可能なふたつの拠点と、その関連施設が完成した。ここにおいて保健医療、福祉とが有機的、効果的に連携する。彼が描いてきた夢の実現に一歩も二歩も近づいた。

長く培われてきた人のためという「医の心」が彼の代で実を結び、見事に花開いたのだ

ともかく彼は偉業をなしとげた。

平成15年、この偉業を、安心して手渡せるまでに成長した子息に院長の座を空け渡した。

閑職に退いた後も、検診など診療を手伝うかたわら、ライオンズ関係、その他地域への奉仕活動など彼にできることは平成24年春頃までは続けたという。

医師会でも副会長職を離れた後、なほ長期に亘り理事として残り、国保運営委員など重要な役割を担ってきた。夏祭り、山車を引く行列を先導する世話役の一団のなか、揃いのハッピを着た気嫌好さそうな笑顔の彼を一度ならず何度か見かけたものだ。

表彰を受けた数は医師会関係だけで7回。

大臣、知事、警察などからのものが10回。

彼は人を愛し、古里を愛した。


副会長職にあった十年間が、やはり彼が最も良く活躍した時期だったといえるだろう。

幻に終った医師会立病院設立計画、完成した県立リハビリセンター建設などさまざまな問題があった。

しかし、一番の課題は医師会立高等看護専門学校設立問題だった。計画から一年で開校までこぎつけることができた。しかしそれまでには実習病院変更など思わぬ障害にぶつかり計画が頓挫しかけた危機があった。

厚生省の許認可を得るため、時に上京する必要があった。交渉事の面もあるため執行部全員が、午後休診にして揃って上京した。庁舎の入り口近くには、入庁の許可を得られずたむろする幾組かの陳情団の姿があった。

ある日、所用を済ませおとづれた部屋を出ると、

「ああそうだ。一寸挨拶していこう」

思いついたように僕達に声をかけると、彼はそのまま廊下を歩いていく。

訪ねたさきの部屋に入り、僕達が彼から紹介されたのは厚生大臣小沢辰男氏その人だった。彼と親戚だったとはその時始めて知った。大臣は親身な様子で話を聞いてくれた。部屋を後にするや、

「俺達の計画には全く影響は無いよ」

と言った。しかしその後、係の対応に、いくらか真剣味が増したようにも感じられた。

リハセン設立問題のとき、県の担当職員と合同で関西の施設視察におもむいたことがある。阪神大震災が起きる少し前のこと。

大阪に一泊、夜はミナミの夜を体験。帰途は神戸から新幹線に乗った。車中、たまたま乗り合わせた見ず知らずの小集団と意気投合。遂に東京駅まで酒宴がつづ

いた。本来の視察業務がまるで修学旅行に変わったような思い出深い旅になった。

彼は又、大の犬好きでもあった。

目が合った瞬間、即座に飼うと決めたシベリアンハスキー。その愛犬が産み落とした二代目をより深く溺愛した。子犬から育てた。

大型犬に育つと、その犬を連れ、夕方自宅近くを散歩するのが彼の日課となった。気がむくと、そのまま馴染みのスナックバーに立寄り、開店間際のカウンターでひとり一杯かたむけるのを楽しみとしていた。

４年程前のある日、手綱を手離した隙に、犬は矢のように駆け出した。その先には幹線道路。車にはねられ宙に舞う愛犬！　「危ない！」彼は反射的に犬の後を追った。次の瞬間、実際に宙を舞ったのは本人の方だった。大腿骨々折。入院手術。歩行障害が残った。

以来、体調をくずす日が増え始めた。やや遠目の外出には電動車椅子の世話になることとなった。糖と蛋白が尿に混じるようになった。


「酒飲むとテキメンに効くね。ガクッと体調悪くなる」といいながら、酒とタバコを止める気配を見せなかった。

以後大小の内科的入院を経験した。この頃まで、彼は

会長を支えた僕達三人だけの女房同伴食事会を年１～２回企画、実行しつづけてくれていた。

平成22年暮、ある日、終了間際の職場に珍しく電話がかかってきた。

「今、マルサンが来ているんだ。日がたつにつれ御当地が懐かしくなってきたんだそうです。これから例のスナック。一寸出てきませんか？」

マルサンこと丸山（和雄）先生はふたりの先輩。優れた産婦人科医にして早大卒の文学士。俳人、シャーロキアン、博学雑学大家、やや変人、毒舌家。会話が楽しい。腎ガン発症。手術。閉院。残務整理ののち東京の古里に転居、半年程が過ぎた。

カウンターに並び、妙齢の美人ママが煮込んだオデンをつつきながら、その夜遅くまで談笑した。丸山先生がこの世を去ったのは、その夜から約半年後のことだった。


上尾駅々舎が、美しい曲線をもつ真新しい白い駅舎に変わると駅東口も変貌し始めた。

駅からデッキで直接結ばれる28階建ての高層マンションが落成した。このビルの一二階は「エイジオ・タウン」という商業スペースとなった。デッキを渡り、そ

のままビル内を進みつき当る2階正面、奥まった第一等のスペースに、藤村病院は新しく健康管理センターと耳鼻科を含むクリニックを開設した。

平成25年5月11日、土曜日午後、これを祝賀する記念式典が東武バンケットホールで挙行された。この栄えある式典を仕切るのは彼から代をひき継いだ彼の子息だ。

会場には市長始め多くの名士がつめかけた。ホールは人で溢れんばかり。僕が案内された席は、入口最近の彼と彼の家族が座る同じテーブルだった。

定刻少し前、車椅子に乗った彼が、両脇と後とを家族に守られ、入口に姿を現わした。

彼が着いた位置は僕の席と2脚の椅子で隔てられていた。時計文字盤の12時を会場正面に向けたとすると彼が5時、僕が9時の位置に当たる。

目ざとく彼を認めた客の何人かが、開会までの短い時間に彼のもとに殺到した。

順々に祝意を述べる客のひとりひとりに、うなづきながら挨拶を返す。彼は僕の存在に気付かない。

久しぶりに目にする彼の横顔から、一瞬見違える程に変ったかという印象を受けた。光る銀髪、鼻下にたくわえた真白な口髭、金ぶちの眼鏡。

近づき易さ、やさしさ、柔和さを感じさせる軽味のあ

る表情が影をひそめ、代って威厳という言葉を思い起こさせる重い品格を感じさせた。本来の彼によりふさわしい立派な風貌に思われた。

会が始まると彼の周囲から人影が消えた。

対応に疲れたのか、彼は急につらそうな表情をみせた。

耳もとで訴えを聞いた家族は静かに席を立ち、再び彼を囲み、ひっそりと会場から出ていった。家族により占められていた空間は、閉会までそのままに残された。

久し振りの彼との対話を、この日何よりの楽しみにしていた僕の願いは果たせずに終わった。

それどころか、この時見た彼の姿が、僕にとり最後のものとなった。


激しく又急速に移り変った昭和、平成。

彼はこの時代を昭和の男として生きた。

平成25年11月20日死去。

享年80才。

葬儀は彼の生涯にふさわしく、「つつじ苑」で盛大に営まれた。

合掌

六　女医となった大和撫子
(故畑靖子先生を偲んで)

訃報を知らされたとき、不意に頭を殴られたような強い衝撃を感じた。

平成28年11月27日、永眠されたという。


今年度最後の肺がん勉強会に、いつもはある先生の姿が無かった。

「欠席？珍しい。どうかされたか」

一瞬不吉な予感のようなものが胸をかすめたが、その僅か半月後、それが現実の訃報になるとは夢にも思えなかった。

先生は、この先何年かは不死身だと信じ込んでいたらしい。年齢を忘れていた。

享年93歳。僕より10歳年上だった。


僕が疎開派に属するなら、先生は正真正銘の戦中派に属する。

僕が先生を見知ったのは、定例医師会など人が集まる公の場でであった。

遠目でも、人混みの中の紅一点、気品ある和服姿、目

立たない訳が無い。

しばしば同席するようになった学術講演会では、毎回のように質問に立たられる。質問するには、それなりの裏付けがなければならない。さらにその場で自験例などの知見を報告される。僕にはとても無理だ。何と熱心な勉強家だろうか、又何と親切な方なのだろうと感心し、ついには尊敬に近い印象を持つようになっていた。

先生との距離がぐっと縮まったのは、僕が委員のひとりとして乳がん検診を担当するようになってからだ。

検診は決められた時季、年数回以上、各地各順に平日午後、約一時間かけ行われる。

医療センター、公民館など公的施設が利用される。臨時会場の場合、仮設の診察室が用意される。この場合、派遣された医師は、布一枚のカーテンで隔てられた狭い空間の中、隣の医師の存在を感じながら、被験者の視触診、記載を行う。

当番が始めて重なった日、先生が和服の上に真白な割烹着を身につけ仕事をなさる姿を目にした。

緊張感があり、格好良く、とても似合って見えた。仕事振りの中に優しさ、ぬくもり、安心感、そんなどこかなつかしい雰囲気が伝わってきた。

被検者は会場内に停められた大型バスに似た検診車の

中で乳房のレントゲン検査を受ける。

撮られたフイルムは何回か分がまとめられ、後日、担当委員の手によって処理される。

決められた夜、参加可能な担当医達が、各々徒歩、自転車、自家用車などで医師会図書室に参集する。先生はタクシーを利用される。

出席者の数により、２、３班に分かれ仕事に掛かる。

それぞれの班員はシャウカステンの置かれた机の前に肩を寄せ合い横並びする。紙袋からフイルムを取り出し貼付する者、主に正面でその影を読む者、結果を記載する者、もとの紙袋に仕舞う者と仕事を分担し流れ作業的に、一回に少なくとも60名から100名以上分のフイルムを読影、処理する。

ある時、先生の呼んだ帰りのタクシーが、大幅に遅れるということがあった。僕が申し出て、タクシーをキャンセル、自宅までお送りした。

次の会以降、その都度申し出てお送りした。３、４度目かのとき、お礼として高価な銘菓を下さった。

〈こんな気を遣わせるぐらいなら意味なし、中止すべき〉と決め、

「運転は全く苦になりません。ただ、万一の事故だけは非常に心配ですから」

と自らの退任を提言した。

「私はVIPではありません。タクシーではこうは参りません。いつも楽しみにしております。今後ともヨロシク」

断る機会を掴み損ね、結局、帰路専門臨時運転手を習慣的に続けることとなった。


肺がん勉強会は長い間続けられてきている。医師会図書室で年4回程、夜開催される。当初、がんセンターから講師を招き、肺がん全般について学んだが、現在では単純フイルムの読影力を鍛える場となっている。毎回、常連を含め有志10名弱が集まるが、先生は殆ど毎回出席される。

時間となると講師は持参してきた10症例程の中から一例ずつ選び、そのフイルムを黒板大のシャウカステンに展示する。参加者は席を立ちフイルムに接近、隠れている病変を捜し出す。歩行、立位維持のつらい先生だけは、正面右手の机中央に置かれた椅子の中に身を沈め、机の上に置いた持参の双眼鏡を時々手にとり読影する。誰よりも真剣な様子に見える。

「右肺門のところでございますね。やはり、そこがおかしゅうございますね」

結論がまとまると、講師がその症例の検査資料を公開。正体が判明する。全症例を読了すると全員一旦席に戻

る。短い意見交換ののち、各々部屋を後にする。

僕は先生の席に近寄り
「いつもの所でお待ちします」

と声を掛ける。

駐車場から、狭く暗い道に出て、前照灯で道を照らしながら先生の待つ西側玄関口に向かう。車が近づくのを見とどけた先生は、前照灯の光を頼りに、慎重に慎重にゆっくりと階段を降り、停車した車の後部に立つ。後部ドアを開け、まず身体を後向きにし腰の方から乗り込ませ、座席に位置を占める。ついで常に随伴させている杖代りのバッグ付き手押車を引き上げ、車中のものとし足下に納める。内側からノブを引きドアを閉める。

雨の日などを除き、この全手順をひとりでこなす。中山道に出て、ふたつみつ信号を抜ける。明るい駅前を抜け、再び暗い道を進む。行程最後の信号に近付けば、もうすぐそこが目的地だ。

診療所を兼ねた自宅は、中山道に沿う雑木林と見紛う程の広い敷地内にある。玄関口は一対の立派な石造りの門柱に守られている。門は道路から歩道を含めると２米程奥まって造られている。この玄関口はバス停としても利用されていて、車を片寄せて停めるのに都合がいい。

先生は乗るときと逆の順序で自宅玄関口で地上の人となる。薄明かりの中、こちらに顔を向け立たずむ先生の姿を確かめてから、車を発進させる。

車中10分程の時間が会話に当てられる。

話題は折々の事件、思い出、お孫さんのことなどいろいろ。暗い話題は一切なし。明るく楽しい。

「先生はお若い頃、医師会のマドンナとかダイアモンドとか呼ばれていたそうですね」

「宝石のお好きな方なら女医仲間にも大勢いらっしゃいますね。そうそう、会でよくお会いする方で、いつもいつもたった今宝石箱から這い出して参りましたといわんばかりの方、おられますよ」

答をはぐらかされたが、派手に着飾った、得意顔の貴婦人の姿が目に浮かんできて、思わず笑った。

「〈花吹雪　諸手に受けし　思い出の
小箱に止めよ　この春の日を〉

お目に止まりましたか？ありがとうございます。

たまに、県の医師会誌に投稿いたします。

この歌、庭の桜を見て作りました。見て、そのとき感じたものをそのままに……。

短歌は日本古来のものでございますから、当時、作り

方まで徹底して鍛えられました。

見慣れた庭でございますが、気がついてみますと大変な宝物でございました。

診察室の窓から居ながらにして、朝夕、素晴らしい景色を見ることができます。四季の移り変わり。

それはそれは見事でございます。恵まれております。

有難いことです」


「医学の教育を受け始めたのが開戦の年。終戦の年の４月には学校が焼けてしまいました。卒業は９月に繰り上げ。大変な時代でございました。ですから、しっかりとしたまともな教育を受けたという満足感がございません。

診療に自信が持てません。

飢餓感でございますね。

でも、勉強する楽しさも判るようになりました。

臨床に漢方をとり入れておりますが、これも奥が深うございます。でも面白うございますよ。

昔のように遠くへは参れませんが、せめて歩ける範囲の勉強会でございましたら、必ず出席するように心掛けております」


「これまで内科や外科の病気をいくつか患いました。

何度も病院のお世話になって助けていただいております。最近は整形外科のお世話になることが増えて参りました。

股関節は大分以前から両側とも人工でございますが、３月11日の震災の日、転びまして今度は右大転子と橈骨を折ってしまいました。

術後ひどい肺炎を併発。今度ばかりはもう駄目かと覚悟いたしました。

でも、どうでせう。杖の助けは借りますが、こうしてどうにか歩けるようになりました。

医学は勿論、リハビリなどの進歩、素晴らしいですね。

担当して下さった先生方始めお世話になったスタッフの方々に感謝の気持を忘れたことはございません。私なりに御恩返しをしたいのです。

〈年を経て 隠かに過ごせる 日々なるを
いよよ湧き出す 吾が意欲かな〉

私の今の心境でございます。

生きていればこそ。

未だ未だ勉強はつづけて参ります」


怠惰な僕にとっては耳が痛い。それにすでに手遅れだ。

衰えを知らぬ向学心、その積極的な心の持ちようには、ただただ感じ入るばかり。

昭和20年9月、帝国女子医学専門学校卒業。日赤中央病院外科勤務ののち、同23年大宮市にて開業。同26年、現在地に転居開業。この間、北足立郡市医師会理事、上尾市医師会副議長、同裁定委員、学校医などの役職を歴任。埼玉県知事表彰2回。

先生が生きてこられた時代、働く女性にとって出産、育児など多くの障害がその活動を阻んできた。両立は茨の道だったのではないか。それなりの御苦労があったのではないだろうか？

自らが生業として選んだ医療については、妥協を排し、真摯に研鑽を重ねてこられた。

そして、文字通り、見事に「生涯現役」を貫かれた。

一方で、趣味のひとつとして、短歌を詠まれた。その鋭く豊かな感性は、御自身の生活の上に、この世の美しさ、楽しさを友とする幸せをもたらしてきたに違いない。

それが先生の生涯を、どれ程慰め、力付け豊かに彩ってきたことか。

この世に完全、完璧な人の存在はあり得ない。しかし完全、完璧を求め、不断の努力、精進を怠らない人達は現存する。己という原石を自ら宝石になるべく研磨

しつづける人達だ。
僕には、先生はそのような人達の中のひとりだったように思われてならない。

僕の脳裡に造形されてくる「靖子像」は、女性らしく身だしなみに気を配り、上品な和服を粋に着こなし、背すじを伸ばし、人間としての誇を胸に、前を見据えて立つひとりの大和撫子の凛とした立ち像だ。
許されるなら、この像に更めて、「医師会のダイアモンド」という呼称を贈りたい。

先生が僕の車の後部座席に座られることは、もう二度と無い。
御冥福を祈っている。

つつじ苑でとり行われた葬儀には、多くの人々が弔問に訪れた。

合掌

七　お医者とカマキリのお話
(故升田吉重先生を偲んで)

人、人、人。

店はどこも満席だ。

「露店で何か仕入れて、外で飲むのも、また悪くはないか」

つぶやきながら、駅前の高層ビル２階の居酒屋に立ち寄ってみた。

「丁度いま、ひとつ部屋が空いたところです。少々お待ち下さい。今夜は２時間の制限つきでお願いしています」

支配人とおぼしき好青年が案内してくれた。

冷房の効いた小座敷に入ると、前面の壁一面が素通しのガラス窓で、東に延びる大通りが良く見えた。


「ピッ、ピッピッ」、「ピッ、ピッピ」、鋭い警笛。「セーヤ」、「セーヤ」、担ぎ手の掛け声。ゆれ動く神輿。煌めく金色の鳳凰。見物客の拍手、声援。むせかえるひといきれ。

左右の道から、二つの神輿が、勢いづきながら目の前まで迫ってきていた。近づくにつれ、両者の動きと掛

け声が激しく大きくなる。見物客がどよめく。

八つの町の神輿が勢揃いする祭り最終場面を間近にして、東口駅前広周辺はひどい熱気と喧騒に包まれていた。

高揚した僕の気分はまだそのままだった。冷えたビールが、何度か渇いた咽を駆け抜け、やがていい気分に酔いが身体にしみ渡った。


「お祭りは終わったみたいね」

その声で、ジョッキを下に置き、首を回して通りを見下ろした。先程までの人込みは大分疎らになってきていた。

祭りは終わったらしい。

見ていると、町名が書かれた背の高い一対の提灯を先頭にして、帰途につく神輿の行列が現れてきた。先程の活気が嘘だったかのように、疲れた様子の重い足どりで人垣を分けながら静かにゆっくりと進んでいく。

人生のたそがれ時を思い出させるような侘しい風景に見えた。葬列をも想起させた。目が離せなくなった。

最初の行列が通り過ぎると、すぐに別の行列が現れてきた。更にもうひとつの行列が後に続いた。

「平成」最後の夏祭りが終っていく。

三つの行列の最後尾がすっかり視界から消え去るまで

ぼんやりと眺めていた。

夏祭りが来ると、長く親交のあった藤村秀先生のことを必ず思い出す。

昼の呼び物に中山道を行く山車行列がある。

この行列を先導する数人の氏子代表団のひとりとして、薄いえび茶色の揃いの法被を身につけた彼の姿を一度ならず見かけている。同い年だった彼は80才で亡くなった。あれから早や５年がたつ。

誰の訃報にせよ、人にそれなりの感慨を覚えさせるものだ。まして友人、知人、親しかった人のそれは比較にならない。ふと気付けば、交流のあった会員の中、すでに亡くなった人の数も随分多くなっている。ひとり、ふたりと思い出してみた。思い出すたび顔が浮かぶ。指を折りながら数えてみる。

藤村、今村、坂本、筑根、原。狩野、小倉、山崎、久内、柴崎。池田、丸山、福島、関戸、関口、網島、大原、畑、大和田、井下田、久保田、野原、西、塩津・・・。

折った指の数は、たちまち20本を超えた。

目の前の女房も、すっかり年を取った。時の流れは早く、かつ冷酷だ。残されている時間は、多くない。晴れていた青空の一隅に、俄に黒い雨雲が湧き出てきた時のような、何とも薄暗く、沈んだ気分に陥ってしまっ

た。
夏祭りが終わってから三日目の平成30年７月18日、
またひとりの古い会員がこの世を去っていった。
升田吉重先生。行年95歳。僕より丁度10才年長だった。
会う機会が無くなってから十年近く、長い空白期間が
あったにもかかわらず、今別れたばかりの友人の訃報
を聞いたように感じられた。

上尾医師会が独立したのを機に、会員相互、更には家
族間の交流を深めようとする気運が高まった。
月一回の定例会に、学術講演会と懇親会とが同じ日に
続けて開かれるようになった。僕は酒席を、彼は学習
を目的に殆ど毎回出席した。会員の殆ど全員が戦中派
に属した。ひかえ目な物腰、どこか気弱そうな印象か
ら、彼は戦争と無縁な恵まれた環境の中で育てられた
に違いないと、勝手に思い込んだ。
兵役などについて尋ねてみた。
「徴兵検査は昭和18年に受けました。残念ながら乙種
合格。兵隊失格でした」
「戦争中はずっと東京に居残っていましたから、あの
頃の苦労は身にしみています。３月10日の空襲で家
は丸焼け。一家無一文になりました。私も教科書から
何もかも、一切合切無くしています。でも良い方です」

「級長を通し、仲の良かった中学時代の友人は、志願して荒鷲になりました。本当に惜しいことに終戦間際、特攻に出て戦死。軍事教練担当のふたりの配属将校のうち、年配の教官は開戦直前招集され、アッツ島で、残った青年将校も又、硫黄島で戦死。漢文の先生は、千葉県で空襲に遇い爆死。誰もが何時死ぬかも知れなかった。本当に戦争は惨い。非情です。戦争だけは絶対に駄目です」

会う度に彼の誠実な人柄と、博学振りが伝わってきた。

僕は自分の不明を恥じた。


広島から瀬戸内海を左にして南下、やがて海に浮かぶ周防大島に至る。今は大橋で本州と連結する。大きさは伊豆大島の約1.5倍。関東大震災のあった大正12年、彼はこの地で、医家の長男として産声を挙げた。

昭和10年、一家は東京深川に転居。父は医院開業。

２・26事件のあった翌11年、深川小学校卒業、日本大学附属第一中学校入学。

日米戦の始まる同16年春、日本大学医学科専門部入学。卒業、済生会芝病院でインターン。同23年、第６回国家試験合格。いくつかの病院勤務を経て同48年、上尾市に転居。北足立医師会入会、同50年升田内科医院を開設。学校医、園医として地域医療に貢献。二人

の予息、その孫などに恵まれる。

息子のうち、少なくもひとりは医にしたいという願いも叶えられた。

当地で生涯を終えた。

目的地までバスを利用する医師会旅があった。たまたま席を隣り合わせた。

バスが発車するのを待ちかねていたように車中、宴会がはじまった。

僕には、よく咽に物をつかえさせるという困った癖がある。おしゃべりに夢中になったせいか、突然むせた。

彼は、とっさに身をかがめ下から真剣な表情で僕の顔をのぞきこんだ。

「大丈夫？大丈夫？大丈夫ですか？」

前かがみになった僕の背中をさすり続けてくれた。幾度も幾度も咳払いをくり返し、やっと楽になり身体を起こすと、彼も体を起こし、ほっとした笑顔を見せた。

彼の優しさは生来の物で、本物であることを身をもって知った。

「成人してからのことですが、一度鯛の骨を咽にひっかけ苦しんだことがあるんです。どうにか飲みこみはしたものの、その後、三日三晩腹痛で苦しみました。死ぬかと思いました。調べてみたところ、例えば鳥の骨を咽につき刺し死にかけた症例とか、馬鹿にならな

い症例がいっぱいあります」

そのいくつかを面白く話してくれた。

旺盛な好奇心、研究心にも感心した。

「だから、それ以来、魚の骨を口にしたことはありません。これからもしません」

と彼は断言した。


訃報を知ったとき、とっさに「カマキリの話」が頭に浮かんだ。

彼は文筆で、大いに医師会に貢献した。

あの一編をもう一度読み返してみたいと思った。その思いは日増しに募った。10月に入った或る日、ついに電話機に手を伸ばした。もし医師会図書館に会誌が保管されていたら、その中から、その掲載号を探してもらえるか問い合わせた。このことを忘れかけていた二週間後、事務所から郵便物が届けられた。開封すると中から、彼の掲載号のすべてが捜しだされ、しかも彼の文章の載せられた全ページがコピーされ一冊にまとめられたものが出てきた。

驚き、反省し、そして深く感謝した。早速ページを繰ってみると、昭和64年３月発行第48号に「かまきり」は居た。

「自動車に乗ったかまきり」升田吉重

「往診に行った。診察がすんで自動車に乗ろうとしたら、ボンネットの上で左のフェンダーミラー近くに“かまきり”が止まっていた。私がエンジンをかけても別に驚いた様子もなかった。そこで私は考えた。

これから我が家まで約１Ｋちょっとある。

ようし、“かまきり”が自動車がスピードを上げたときどんな生体変化を示すか見てやろうと。

小泉の患家の家からＢ．Ｓ通りに入り、徐々にスピードを上げ40㎞にした。“かまきり”は、初め進行方向にむかって右の方に止まっていた。最初は両方の前足で交互にボンネットを緩やかに叩くような、引きかくような格好をしていた。その内に両方の前足を曲げて、その曲がった関節の所で、あの小さい頭の大きな目を動かし始めた。

私は、“かまきり”が目を廻し始めたと解釈した。

そのうち、“かまきり”は車の前方に向かい三度羽を動かしたが、飛び立つことはなかった。ボンネットに掴った恰好で暫くいたが、やがてボンネットの左端をそろそろとフロントガラスの所へやって来た。

とうとう私の家までただのりしてきてしまった。

車庫に車を入れる時は運転席の真上の屋根の上にいた。

車庫に入れたら、車庫の窓ガラスに飛びつき、滑って、窓の縁に落ちた。

私はこの珍客を庭の木に止まらせてやった。“かまきり”は木の葉にしっかりとつかまった。

私は“かまきり”が初めて自動車に乗ってどんな感じがしたか考えてみたが、今日から新しい家族の一員としても、想像もつかなかった。出来ることなら“かまきり”に聞いてみたいと思う」


読み終えたとき、心のどこかにポッと暖かい灯が点った。同時に、一瞬生前の彼に再会したかのような気がした。

診療の合間などに、他の20編以上ある文章全てを更めて通読した。

まさに「文は人なり」、子供のような純な好奇心と感性、それに大人の分別。各編とも人をして読ましめる。読者は彼と同じ体験を共有することができるだろう。

十編以上に分けて連載された「思い出の記」には、子供の頃から大人になってからまで、さまざまな体験が極く素直な筆致で綴られている。恐らく、彼自身がもう一度見たかった「昭和」の風物、景色、もう一度会いたかった懐かしい人達と再会し、書きながら、思い出した情景を自ら楽しんでいたに違いない。

このかまきりは、彼が夫人と一緒に親交のあった井下田家を訪れたときの一場面を挿話にした別の一文の中、再登場する。

「“かまきり”の観察文を書くや、その原稿を読んで絶賛し『面白くて４回も読み返した。上手でした。』と云われた時は嬉しかった。尚又そのとき、千代子夫人は「義姉が亡くなった時。カマキリを見かけたが、何故かそのカマキリが印象的であった』と云っていた。その千代子夫人が、かくも早く世を去ろうとは、私は想像できなかった。残念である。ここに謹んでご冥福を祈る」

自分が褒められた嬉びを素直に述べているが、主題は妻に先立たれ悲嘆に暮れる友人を慰めようと、その心情に寄り添うように書かれた文章のほんの一部に当たるものだ。

「方丈記」の有名な一節を書きだしに、人の生命は、かげろうのそれと同じく、はかなく、又虚しいものだと述べたあと、

「しかし人の生まれることは嬉しくとも、人の死に際しての悲しみは耐え難いものがある。愛別離苦。（中略）表に現わさずといえども、心中は30年も生活を共にして来た好伴侶を失った悲しみで一杯であろうと

推察する」と続く。

この文章に慰められ、励まされた井下田先生は、この４年後の平成８年暮、夫人の後を追うように他界した。

時は巡り、同22年正月、今度は友を励ました本人に、友と同じ試練が襲いかかった。

まさか、妻が自分より先に逝くとは夢にも思っていなかったのだろう。

或る有名な作家は、このときの心情を「狂いだすほどの寂しさ」と日記に書き残している。

落胆し、呆然自失状態に陥った彼の姿を眼の当たりにした多くの弔問客は悔みのひと云をかけるさえ遠慮した程だった。

彼に幸せな人生をもたらしたのは彼女であり、逆に不幸のどん底に落とし、究極の寂しさを味あわせたのも、又彼女だった。

以来、僕が彼の姿を目にしたという記憶は無い。

悲哀に満ちた痛苦の試練の時を耐え、やがて彼は本来の生活を取り戻したに違いない。

いつの日にか、目には見えない彼女を再び身近に呼び寄せることに成功した筈だ。以来、日々の生活を共に過ごしたのだと信じたい。そして今こそ、長い間待ちこがれた念願の再会を果たし、仲睦まじく談笑している姿を想像することが出来る。

医師の使命が、人の心身の痛苦を可能な限り軽減、除去するにあるとすれば、医師たるもの「生」のみならず、「死」についても、これまで以上より積極的にかかわるべきではないだろうか。

謂ゆる「安楽死」について患者の関心と願望は大きい。無残な死に際してのひとつの選択肢として一刻も早く合法化されることを夢見ている。医師こそが率先主導し、その実現に努力すべきと考えるが、自分の非力さをなげくばかりだ。


二人の会話が一段落したら、もう一度、実際に「生」と「死」の境界を越えたばかりの彼とおしゃべりをしてみたい。

はじめて死んだとき、どんな感じがするのかと考えてみたが想像もつかなかった。

実際の死の体験はどんなものだったのか？

「安楽死」についても、どんな意見か？

出来ることなら聞いてみたい。


心から、ご冥福を祈っている。

合掌

八　平成の桜散る
(故上林茂先生を偲んで)

「らっしゃい」

店主は寿司を握る手を止め、顔を上げ入口の方を見た。馴染客を迎えるとき見せるいつもの笑みがこぼれた。

のれんをくぐったその客が、真っ直ぐこちらに近づいてくる気配を感じた。

「よおお、カキさん、こんばんは」

聞き慣れた声。振り向きながら、僕は椅子から滑り降りた。

いたずらにうまく成功した時の少年が見せるような表情を浮かべ、眼の前にひとりの男とその後脇にひとりの女が立っていた。

「やあぁ、カンちゃん。嬉しいね。声ですぐ判った。うちも今来たばかり」

二人の女性も充分顔見知りだ。

簡単な挨拶を交わしている間に、お手伝いの小母さんが、手早く四人並んで座る席を用意してくれた。

自宅に近いこの店には、もう40年近く通っている。彼も又、義理固くこの店に立寄ることを心掛けているのだろう。これまで何回か、ここで出会うことがあった。

店のカウンターは白木の厚い一枚板だ。

丸みを帯びた茶褐色の特徴あるウイスキーの瓶が、彼の目の前に置かれた。

このイギリスの古酒「オールド・パー」は彼の好みで、彼のゆきつけの店には必ずキープされている。

ウイスキーグラスとビールジョッキがぶつかり、小さく澄んだ音をたてた。

「何か会でもあったの？その帰り？」

「別に何も無かったよ。今は、殆んど外に出ること無くなった。今夜はカミさん孝行。役職は全て返納。後輩に任せた。御役御免、完全無職。診療も息子に任せ、今は一切ノータッチ」

「初耳だよ、知らなかった。驚いた。もっとも、こんな類の話をしたこと、今まで一度も無かったなあ。それにしても、あれやこれや、随分長い間カンちゃんがやってきた仕事はちっとやそっと余人を以っては代えられないだろうに。未だ引退は早いよ。惜しいよ」

「それは無いよ。俺なりに精一杯やってきたから、もう充分。未練のようなものは全くないね。お陰で、俺とカミさんの親四人、俺達家族とずっと一緒に暮らして来たけど、親全員を看取れた。いくらか恩返しができたかな？それが一番。肩の荷を全部降ろしてせいせいしてる」

「ここのマスターとは、もう２、３年も前から引退のことばかり話しているよ。ともかく幕引きは、いざとなると仲々難しい。俺も早く隠居の身になりたいよ」

「隠居には俳句が似合う。面白いよ」

「リタイアしたら、藤村先生が造ったばかりの老人施設に三人一緒に入所させてもらって、毎晩飲んだくれて暮らそうって冗談云って笑ったことがあったなあ。覚えてる？」

「その老人施設などの完成を兼ね 藤村病院創設百二十年記念パーティーが、大宮のパレスホテルであっただろ。その時だよ。あれは平成18年秋。彼も、グッドアイデアだと笑っていた。半分本気の部分もあったんじゃあないのかなあ。俺はあの日、息子に任すことを決めたんだ。それにしても彼が一番先に逝くとはなあ。何とも淋しいね。」

上林先生と最近亡くなった藤村先生二人に対する僕の気持は戦友と呼ぶにふさわしい域に達していた。

きっかけは40年の昔に行われた役員改選にあった。

二代目会長、伊藤先生を補佐すべく副会長に藤村先生と僕、会計に上林先生が就いた。

当時の会計は家計簿をつける主婦の立場。

公的組織の金庫番ともなれば気苦労多く、又重い責任を伴う役職だった。

三人が丁度50歳になったばかりの頃、５期10年の任期、更にその後の長い交流を通じ、親交は深まっていった。

公務には昼の部のみならず、夜の部がある。夜の部は昼の部の不足を補い、昼の部の疲れを癒す効能がある。

藤村先生は、粋で気取らず極く自然体で、無防備のまゝ品良く酒を楽しむ。

「夜の帝王」との異名を持つと聞いたことがあるが、その名に恥じない風格を備えていた。

上林先生も又、充分場数を踏んだ夜の名士として、つとにその名は知られていた。

常に公的立場を弁えて行動する会長に倣い、彼も又服装、云語、態度などに気を配り、安易に人を寄せつけないような一種毅然とした雰囲気を持っていた。

夜の部では、一転、打ちとけた態度で周りの人達をなごやかに、明るく楽しくする技を身につけていた。乞われると「舟唄」、「天城越え」など難しい演歌を歌った。

哀しさ、淋しさ、つらさ、情念などその歌のもつ、人に伝えたい、人に訴えたい「こころ」が伝わってきた。

思うに彼は賢く、真面目、そして何より心根優しい男なのだ。

僕は彼のことを、密かに「夜の紳士」と呼び、見倣ってみたが到底身につくものではなかった。

二人は、ひとりではとても得られなかったさまざまな経験と、豊かな財産を与えてくれた。


彼、上林先生は山形県人。本籍は酒田市、昭和８年この世に生を受けた。

鳥取大学医学部卒業、新潟鉄道病院眼科入局。その後、中央鉄道病院眼科を経て昭和46年上尾中央病院眼科医長として入職。

昭和46年２月、西上尾上林眼科を開院。同51年上尾医師会入会。

以来平成10年迄、短い休止期間を挟みながら理事を務めた。

学術、福祉、総務、広報、ゴルフなどを担当。副会長２期、議長４期、准看校長２期などを歴任。

県医師会では眼科医会理事、同会長２期。

看護、広報、社保、国保、選挙管理などの委員の他、国保、支払基金委員、地域16校の校医など。これ等の活動を通じ、市役所、保健所、医療施設、リハビリ、警察など外部と接触。

医師会内の会員相互の親睦、学識向上を計り、以って地域の健康、安寧を守るという医師会の理念の実現に心を砕きつづけた。

厚生大臣から１回、県知事から３回の表彰を受けた。

つまるところ、彼は人間そのものが好きなのだ。人を愛することが彼自身の喜びだった。人が幸せになる為なら、彼の持てる力を借すことに何のためらいもない。人への貢献こそが彼の生甲斐だった。滅私奉公を実践してきたのだ。彼は良く働き、充分すぎる程社会に貢献してきた。


話題は尽きない。時のたつのは早い。

店主は、コップ酒を口にし始めた。

９時の閉店時間が近づくと、小母さんを帰し、看板まで居残った客と、ひととき話し込むのがこの店の常だった。

店主を相手に話していた彼の云葉がふっと消え、そのまま次の云葉が出てこない。顔を寄せ声を掛けてみたが、返事の声は低く聞き取りにくい。様子をうかがうと、急な睡魔に襲われたものか眼を閉じている。昼の疲れが出たのだろうとそのままにした。

話を続けながら、気を付けていると、正面を向いていた彼の顔が、ゆっくりとうなだれ、身体も前かがみとなってきた。と、次の瞬間、身体の力が一気に抜けたのか、カウンターの端に胸をこすりつけるようにして、

ずるずるっと崩れ落ちた。

驚き、慌てて椅子を降り、彼の脇にかがみこんだ。

彼は薄暗い穴蔵のような隙間の中に、それまで自分がかけていた椅子に寄りかかりしゃがんだ姿勢で座っていた。両肩に手をかけ、自分自身が冷静になるよう念じながら彼を見た。呼吸に乱れは無い。だがどうも意識は遠のいているようだ。声を掛けても返事が無い。

暫くそのままにした後、軽く肩を揺さぶり、何度か声を掛けてみた。反応があった。肩のあたりの筋肉に力が戻ってきた。手足を動かす。意識が戻ってきた。云語が明瞭になった。

「俺、眠っちまったのか？、大丈夫、大丈夫。もう大丈夫だよ」

顔が正面を向いた。しきりに立ち上がろうとする。

「動くなよ、カンちゃん。飲み過ぎで酔いつぶれたんだよ。このまま動かない方がいいよ」

彼は再び眼を閉じ、ぐったりと力の抜けた姿勢に戻り、素直に座り続けた。

タクシーが着いた。

店主と一緒に両脇から彼を支え起こし、何度も繰り返す謝りのつぶやきを聞きながらドアを開けて待つ車のそばまで、短い距離を彼と並んで歩いた。

帰宅して間も無く、奥方から無事着いたこと、寝室に

て安眠中との丁寧な電話を受けた。

その後、彼の訃報を知るまで、約５年間、消息は途絶えたまゝだった。

彼は平成31年１月27日、ひっそりと逝ってしまった。

享年85才。

三人のうち、令和時代まで僕だけが残った。

寿司店での出会いが最後となった。

あの店も、その後間も無く閉店し、今はその跡形もない。

去り行く平成時代との別れを惜しむかのように、今年、当地の桜は彼岸の入りの頃から四月末頃まで咲き続けた。

何故か、桜を見るたび、しきりに彼のことが思い出された。

雨が降ると桜の景色はもの悲しいものとなる。或るひとりの亡友のことが思い出されるからだ。

満開の桜は、これからは彼のことを思い出させずには置かないだろう。恐らくもの悲しいものとなるだろう。

長い間、御苦労さん。よくがんばったね。

カンちゃん。お世話になりました。

心から、ありがとう。

いつか又、一杯やりましょう。

心から冥福を祈っている。

合掌

九　大日本帝国最後の海軍大将と同海軍兵学校最後の一号生徒（故榎本茂先生を偲んで）

報道写真家真継不二夫が、当時世界三大兵学校のひとつと称された江田島の海軍兵学校、通称海兵を訪れたのは連日のように戦勝の報道のあった対米開戦から未だ間の無い昭和17年の春、葉桜の季節だったという。

約半年間にわたり、開戦の前々年入学の71期、前年入学の72期、開戦の年入学の73期、数え16才からおおむね18才まで３学年、合わせて約2000余名の生徒と寝食を共にし、その日常を記録、約150頁、週刊誌よりやや大き目の美しい１冊の写真集にまとめ出版した。

海兵の教育の特徴は「分隊制度」と呼ばれたもので、３学年の生徒を40人程の縦割りの小集団に分け、これを単位として分隊と呼んだが、一号生徒は父親又は兄、新入の三号生徒は子供又は弟、二号生徒は母親役とそれぞれの立場を分担、いわば一家族のように卒業までの生活を共にする。

午前中に行われる教室での学習、授業を「座学」と呼ぶが、座学を除く生活習慣、訓練、武道、漕艇、遠泳、

諸行事、殆どの行動は分隊単位で常に一緒に、しかも他の分隊と成績を競いあいつつ行われる。生徒は起床から就寝まで、分隊の名誉のため、与えられた役割を常に全力で果たすことを強いられる。かくして士官として身につけるべき服従、統率力などが養われるのだという。

昭和２年、現在の上尾市中分で生を受けた榎本茂先生は、浦和中学４年在学中、海兵を受験、難関を突破。同18年11月、第75期約3000余名の合格者のうちのひとりに選ばれた。

この年、新入生を迎えたのはかつて写真集の中にどこか可憐な幼さを止めはしたが今や凛然とたくましく育ったかつての三号生徒達だった。

時を同じくして、海軍中将井上成美が校長に着任した。彼は海軍きっての知将、合理主義者、リベラリストとして、又山本五十六、米内光政とともに海軍の右傾化阻止、三国同盟、対米戦反対の立場をとる三提督のひとりとしても知られていた。
この時期、ミッドウェー、ガダルカナル、山本長官戦死など、すでに戦局は転機を迎えていた。彼は将来を

正しく見通す立場にあった。

彼は教育者としてこの任につくと、絶えず緊張を強いられる規則づくめの生徒の生活の中に、ほんのひとときであっても息抜きができ、楽しさも味わえる、いわば「人間的ゆとり」を持ち込むことに意を用いた。

上級生が教育、指導の名のもとに殴るという伝統的な「鉄拳修正」をまず禁止。更に不合理と思われる習慣をつぎつぎに改めていった。校内にこれまでに無かった新風が吹き込まれた。

「士官たる前に紳士たれ」、「ひとりの秀才を育てるより、全体の力を底上げすべし」という理念のもと、座学では理数系に重点を移し、特に英語教育には格別な熱意をもって、時流に逆らい、更なる充実を図った。

彼の謦咳に接することのできた榎本先生を含む幸運な生徒達の校長敬愛の念は、部外者が想像する以上に強いものとなったようだ。

彼は同19年８月、惜しまれながら海兵を退任。翌年５月大将に昇進。その３ヶ月後に敗戦を迎えた。その後、横須賀の自宅で英語塾を開き多くの塾生達に慕われながら平穏な余生を送ったという。同50年12月、86才で生涯を閉じた。


被写体となった生徒達は、男らしい凛とした影像を写

真集の中に残し、海兵を卒業。少尉候補生に任官、それぞれ苛烈な任地に赴いていった。

71期580名中330名、７期625名中336名、73期902名中283名が祖国に殉じた。
ちなみに67期から70期までの戦死率は65％に達したという。

時は移り、敗戦から約40年を経た昭和57年、主に生き残った生徒達の肝煎りで、彼の生涯が、白一色の固い表紙で装丁された厚さ４糎程の重厚感のある立派な本、刊行会編集「井上成美」としてまとめられ、上梓された。
生得の抜群の頭脳、誠実な人柄、旺盛な好奇心、たゆまぬ努力。学問のみならず他の分野にも通づる巾広い魅力的な人物に育っていく。海兵入学、次席卒業、海軍大学入学、欧州留学、実務、実戦、要職就任など海軍での広範多彩な経験は、やがて彼を軍人として究極の地位へと導いていった。彼もまた陸海軍が育てた「記憶さるべき傑出した人物」といえるだろう。一般に軍人を無視、あるいは貶める風潮が続いているとしたら、この一冊は冷静な軍人再評価のための一石となり得る

だろう。


榎本先生は、昭和20年８月15日敗戦の日を、江田島で海兵一号生徒として迎えた。故郷に生還。

同年10月、海兵学校卒業。一定期間の虚脱時代を経験。

翌21年６月、日本医科大学予科入学。昭和28年、同校卒業。松倉外科教室入局。

同35年、学位授与、同36年、上尾市緑丘にて榎本外科医院開設。医師会入会。学校医、理事、監事、県社会保険委員などを歴任、教育厚労賞、埼玉県知事表彰を受ける。

子息を医師として育て、後事を委託。

令和２年６月21日永眠。享年93歳。


先生が亡くなってから、ほんの４、５日たったばかりのある日、急に古い書類を確かめる必要が生じ、暫く触れたことのなかった引き出しを開けた。

保管してある書類の間に、宛名の無い封筒が１通混ざっているのが目に止まった。

中の便箋を取り出してみると、恐らく乱筆を恥じ、本来その場で破棄されるべき手紙だった。

一目見て思い出した。もう20年も前、先生から本を贈っていただいた時、先生に宛てて書いた下書きとなった礼状だった。一瞬放心した。

「今年もようやく梅雨の季節に入ったようです。過日は久しぶりにお会いでき、楽しい時間を過ごすことができました。

さて、この度は普通では仲々手にすることのできない貴重な本をお贈り下さり、ありがとうございます。恐縮しております。

とても立派に仕上がっておりますね。装丁を見ただけで先生方がどれ程深く井上校長を敬愛していたかが忍ばれます。

先生は成美は「ナルミ」ではなく「シゲヨシ」と呼ぶのが正しいと何度か重ねて注意してくださいました。

ざっと目を通してみましたが、追憶の域を越え、海戦の記述などむしろ学術書に近い趣を感じました。

これからゆっくり、大切に読ませて頂きます。

少年時代、身の程知らずに、僕も海兵に憧れていました。

中学生の従兄弟が、国民学校６年になった僕に、本人が大切にしていた写真集「海軍兵学校」をプレゼントしてくれました。とても嬉しかった。以来僕の宝物でした。

その年の夏、急に疎開することとなり、半年後には戻ってこられるつもりで、慌だしく生家を後にしました。疎開中、空襲で生家と共に灰になってしまいました。

戦後、復刻版が出版されると知り、迷いなく反射的に購入しました。

今再び僕の宝物となっています。

怠け心が溜ってきますと、この本を開きます。

すると気力が湧いてきます。

同時にほんのひとときですが、家族全員が揃っている、今は幻となった懐かしい昔の生家に戻ることができます。

すると少し悲しい感じもあるのですが。楽しかった思い出が慰めになるのでせう、ほっと心が休まります。

「励まし」と「慰め」と同時に与えてくれる神通力を持った、僕にとってはありがたい特別な本なのです。

又、お会いしてお話できる日を楽しみにしています。

いつも、お心遣いに感謝しております。まずは取り急ぎ御礼まで。」

読み終えて、未だお別れの挨拶をしていないことに気付いた。気になった。手紙にして「さよなら」を告げようと決めた。

「お会いする機会が無くなってから、随分長い年月が経ったようです。
いつの日か、必ずお会いできると固く信じておりました。悲しく、淋しく、残念です。
背筋を伸ばした姿勢、潮風が練えた男らしくひきしまった表情、落ち着きのある言動。
先生は何処に居らしても人目をひく特別な存在感と風格をお持ちでした。
親しくお話をする機会があれば寡黙でありながら、温和で優しいお人柄が伝わります。
誰もが先生に魅了され敬愛する由縁です。
僕も例外ではありませんでした。
年下の僕にも、誠実に自然体で接して下さいました。
お会いすることが喜びでした。

会員が集まる医師会の部屋の壁に巾1メートル程の大きな先生の描かれた静物画が飾られておりましたが、その構成力、質感の表現力、技量の高さに気付いておりました。話題にする機会を失ってしまいました。

お会いしたら是非報告しようと決めていたことがあります。

もう10年近くの昔になりますが、念願だった江田島の兵学校に行って参りました。

潮風、海、広大な校庭、昔のままの姿で建つ生徒館、背後の古鷹山、校庭の片隅に安置されている人間魚雷「回天」。

見学を終え、校庭の一隅にたたずんだ時、さまざまな思いが胸に迫りました。

端正な生徒達の真剱な表情と明るい笑顔。

元気に訓練に励む生徒達の幻。掛け声。

「五省」を唱える生徒達の声。

至誠に悖るなかりしか

言行に恥づるなかりしか

気力に缺くるなかりしか

努力に憾みなかりしか

不精に皆るなかりしか

耳の奥に聞こえてきました。

『軍人として船に乗る以上、生死をも超越し、与えられた任務を果たすことのみを考え、全力で集中せよ』、海兵ではこのように教えられてきましたが、『嫌な仕事であっても、手抜きをするな』と解釈して、今はそのように努力しています、という先生の言葉も思い出されました。

凡俗の僕にはとても真似できませんが、せめて心がけ

てみようと誓ったことでした。

さすが近頃は、気力、体力の衰えを自覚する日が増えてきました。時々写真を開いて若人達から勇気を分けてもらいましょう。

僕を力づけてくれる写真を何枚か選んでみました。御笑覧下さい。

先生にお会いできたことは、僕の幸運でした。ありがとうございました。

今度お会いできましたら、又ゆっくりお話を聞かせて下さい。楽しみにしています。

あちらでも、先生との再会を待ち兼ねている方々が大勢いらっしゃるでしょう。

僕はもう暫く、こちらに留まります。

先生の二度と帰らぬ旅立ちには、御冥福を心から願いながら、日本海軍の仕来たりに則り、『帽振れ』でお別れしたいと思います。心をこめて。

追伸
先生の絵を写真に撮りました。海兵の写真集の中に挟んでおきます。ふと思いついて、一枚同封してみました。

合掌

一〇　望郷の「わが桜島」
（故宮之原啓先生を偲んで）

数年間不明だった宮之原啓先生の消息が令和３年９月末、医師会事務所を介してもたらされた。

令和３年９月16日、入所していた介護施設で息を引きとったという。享年89才。


彼の診療所は、僕の診療所から300メートル程離れた住宅地の中にあった。

気持ちの上で心強い存在だった。

僕が開業したのは昭和45年秋。新設住宅団地近く、農地を宅地化してからまだ間の無い住宅地の中、国道沿いに外科系の有床診療所を開いた。

丁度その頃、日本医師会は官と対立、保険医総辞退、全国一斉ストライキなどと珍しく日本の医療界が荒れていた。

彼はその２年半後の昭和48年春、隣接する住宅地の中、その建物の白い側壁が見える程度に国道から奥まった場所に、間口約10間、二階建ての有床診療所を開設した。

はじめて会ったのは開院の挨拶のための訪問を受けた

時だった。

誕生日が昭和７年５月１日だと言う。僕はその約半年後に生まれた。同学年生だったと知り、俄にうちとけた。すぐに彼の穏やかで誠実な人柄が伝わってきた。

生まれた頃、世界は大不況のただ中。

1933年にはヒトラーが台頭する。やがて第２次世界大戦。戦中、戦後とあの苦しい時代の空気を同学年で吸って育った因縁はかけがいが無い。

彼は鹿児島で生まれ、大学を出るまで地元で育った生粋の九州男子。

県立鹿児島大学（現国立鹿児島大学）医学部卒業。卒後上京、主に東京医大整形外科で研鑽、開業に至った。

医師会入会後は、学校医担当理事を筆頭に学校医、専門分野、各種検診など会から与えられた職責を誠実に果たした。県知事、日本、県、市各医師会長から前後８回の表彰を受けた。

趣味は囲碁。会の囲碁クラブに属し、自ら対局を楽しむばかりではなく、大会運営、活動報告など縁の下的働きでクラブに大いに貢献した。

自宅では専ら相撲、野球のテレビ観戦。特に西武ライオンズの熱烈な大ファンを自認。

生来、絵を描く才能にも恵まれた。

少年時代から絵を書くのが好きだった彼は高校で美術

部に入部、本格的に油絵を学び才能を伸ばした。抽象画を描くための絵筆をとるのが最も楽しいという。彼の目ざす抽象画とは写実の刺激により内面に生ずる興奮、詩的感覚といったものを一旦写生を離れ、自由に抽象化しそれを色と形で「新しい美」に織りなす技とでもいうのだろうか。

平成６年、県医師会は、代議員会が100回開催されるのを記念し、会のシンボルマークを作ることを決定した。
公募に応じた会員の36点の作品が専門家の厳しい審査を受けた。第一席に選ばれたのは、県花「桜草」５枚の花弁を図案化した彼の作品だった。以来正式のシンボルマークとして必ず会誌の表紙、封筒などに印刷され、会員が日常良く目にするものとなっている。この意匠には全会員が力を合わせ会の理念を実現して行うという決意が込められているという。
彼本人の口から自慢めいた話を聞いたことは無いが、彼の絵を描く技量は、趣味の域を超えたむしろ本格的なものであったことは疑いないだろう。

平成16年前後の或る年の或る日の午後、思いがけない知らせが医師会事務所から届けられた。

ひどく重い気持ちで市営の葬祭場に車を走らせた。

広い駐車場で車を降りた。辺りはすでに闇の中にあった。いくつかの葬儀が同時に行われるため参列者は多い。入口のオレンジ色の光の中に三々五々吸い込まれていく人達の後ろにつく。

入口右側近くの壁際に、まるで塑像のように動かず立つひとつの人影があった。入口から漏れる僅かな明かりで照らし出されたその横顔は、今夜行われるひとつの葬儀の施主本人のものだった。

人の流れを横切り
「宮之原先生」

と呼びかけた。

その声にはじかれたように反応した。僕の顔を見るなり両手を差し出し、近づく僕の手を取った。

「息子に死なれてしまいました」

しぼり出すようにそれだけを云うと、突然声を挙げて泣き始めた。

耐え難い程の試練に襲われた時、人は時として浅い放心状態に陥ることがある。意識ははっきりしているのに、半端な麻酔にかかったような、半分夢の中に居るような妙な心理状態だ。僕にも経験がある。この放心状態は、催眠状態が検者の一拍手でパッと目覚めるように、何かのきっかけで突然正気に戻ってしまう。

一気に現実の中に引き戻された彼は、やがて顔を伏せ肩を震わせ、嗚咽しつづけた。

彼の手の平を僕の両手の甲に感じながら、彼が泣きやむまでの暫くの間、そのままの姿勢を保ちつづけた。

ひとり息子に先立たれた時の親の心情、愛の深さ、悲しみの大きさが、ひしひしと伝わってきた。

ひとり息子の欠けた日々の生活を共にしてきた彼の妻も、その後、病魔に侵され彼ひとりをこの世に残し、息子の後を追って逝ってしまった。

彼は勤務医となり、平成23年春、診療所を閉じた。

これを機に会の会員資格を自宅会員に変更した。

郡から独立、新しく発足した市医師会の執行部は会の円滑な運営のため全会員をいくつかの地域ごとに分割、会員相互の交流、親睦を計った。この分割単位をブロックと呼んだ。

僕達が属した第１ブロックは市の中心から離れ、やや不便な辺縁にあるためか恐らく執行部がもくろんだ以上に良い纏まりを見せた。例えばブロックの会合に欠席する者がひとりも居無いという他のブロックではあまり見られない記録を長い間更新しつづけた。相互理解が深まった。

自宅会員に転じた後も、彼はこれまで通りブロックの集会には必ず出席した。酒にはあまり強くない彼が懇

親会の席ではいつもなごやかに談笑していた。その時の姿が思い浮かぶ。

彼と最後に会えたのは、彼が初めて無断欠席をした翌年、平成27年度ブロック忘年会の席だった。前年の会には、仲間の心配をよそに遂に会が終わるまで姿を現さなかった。

彼にとって最後となる翌年の会で、僕は偶々彼と隣席となった。

「昨年は、この日のことを、もうすっかり忘れていました。耳がとても遠くなりました。電話の音も聞こえません」

彼の云う通り、会話を続けるためには、彼の耳もとまで顔を寄せ、声を張り上げなければならなかった。

恐らくこの夜からあまり日を置かない早い時期に古里へ帰っていったのだろう。この夜の会話の中で、日増しに強くなる望郷の念に抗うものはすでに何も無いと告白した。


彼の死を知ってから何となく気持ちが落ち着かない日々が続いた。

一ヶ月ほどたった或る晴れた日の昼休み、思い立って彼の診療所を尋ねてみた。

敷地を埋め尽くすまだ勢いのある青々とした夏草が、

長い間空き家となっていた建物を取り囲んでいた。白かった壁の色は薄す汚れた灰色に変じ、玄関の扉など、ところどころに傷んだ跡も散見された。秘境の中、崩れ行く遺跡が連想された。流れ去った半世紀近くの歳月にも思いが及んだ。

建物の前に佇む僕の耳奥に、遠くで撞いた祇園精舎の鐘の音が、かすかに聞こえてきたような気がした。

立ち去る寸前、2階正面の汚れて不透明となったガラス窓に、大きな黒い輪の中、図案化されたアルファベットが描かれているのに気が付いた。目を凝らすとギャラリーと読み取れた。

子息が生前、無床化で空き室となったかつての病室に父の作品を展示しているという噂を聞いたことが思い出された。見るべき彼の絵がそのままに残されているのかも知れない。

唐突に大分以前、県会誌に掲載された彼の絵を見た記憶とその会誌をわざわざ保管したという記憶が甦った。

自院に戻ってから早速本棚の中を探してみた。恐らくは見つかるまいかと半ば諦めながら会誌を一冊づつ手に取り目次を調べていった。

彼の名を目にしたとき思わず

「アッタ！」

と口の中で叫んだ。目次には（絵画）「わが桜島」と

ある。会誌774号。平成26年９月号、奇しくも彼が忘年会を欠席した年の秋の号だ。

早速ページを開く。

「この絵は昭和24年（高１）の頃描いたものです。

戦後間もない頃で、食い物も何もかも不足していた時代でした。

小生の家も同様の暮らしでした。

『油絵を描きたい』と父に頼み込んだのです。父はこまったようですが『では今飼っているローラーカナリアのツガイを売ってその金で絵の具一式をそろえなさい』と云われたのです。

次の日曜日に早速田舎（福山一酢の町）から鹿児島に行き絵の具や筆を求めたのです。しかし絵具箱まで買えません。それでは自分で作れば良いやと思い金具を買って来て作りニスを塗って完成しました。

そして描いた第１作がこの『わが桜島』です。

当時、八来天先生の指導を受け、上野の美術館で毎年６月に開かれる美術文化協会展に出品していました」

改めて写真印刷された絵に見入った。

それぞれ違えて彩色した大小さまざまな大きさの積木のような20ケ程の幾何学的、立体的人工構造物を組合せ、全く新しい桜島を造形している。空、海、陸地の建造物の表現も新しい。黄褐色を主とした彩色。

良く見る程に、完成度の高い、見事な作品だと僕には思われた。この１枚の絵の中に、彼の思いの全てが凝縮されているとさえ思われた。

出来ることならもう一度彼とゆっくり話したいと思った。

施設から桜島は見えたのだろうか。

絵筆を手にする時もあったのだろか。

優しい人たちに囲まれ、穏やかな笑顔の幸せそうな彼の姿を想像してみる。

終わり良ければ全て良し。満ち足りた最晩年だったと信じたい。

心から冥福を祈っている

合掌

一一　昭和文化大革命 疎開と敗戦(故中澤貞夫先生を偲んで)

年を重ねるにつれ、出来れば避けたい体験、味わいたくない感覚といったものが増えてくるものだ。そのひとつに近しい人の訃報が次から次に届けられるという認識がある。その都度、何とも言えない重い感慨に襲われる。

今また、中澤貞夫先生の訃報がもたらされた。令和3年11月17日逝去。享年87才。

葬儀は市立斎場「つつじ苑」で行われた。下火になったとはいえ新型コロナ流行中にもかかわらず、市長始め多くの弔問者が平常時のように訪れた。告別式では、彼を慕う6人の孫たちが次々に、別れの挨拶を、涙ながらに読み上げる姿が参列者の涙を誘った。

祭壇の中央に飾られた遺影の前に立ち現会長は弔辞を述べ、彼の業績と貢献を顕彰した。

「上尾市医師会元会長故中澤夫先生のご葬儀にあたり、当会を代表いたしましてご霊前に弔辞を捧げます。

中澤先生は、八十七年にわたる生涯をとじられました。誠に大きな悲しみであり、ここに深く哀悼の意を表しますとともに、会員一同、ご遺族の皆様に心からお悔

やみを申し上げます。

先生は、昭和五十一年二月の上尾医師会創設以来の功労者であり、今の礎を築くことに大変なご努力を賜りました。

昭和五十九年四月から七年間埼玉県医師会理事、平成十二年二月から八年間埼玉県医師会代議員会議長を務められ、長年にわたり埼玉県医師会と当会の重鎮としてご活躍になり、平成二十年には旭日双光章受賞の栄に輝かれました。

さらに、当会糖尿病研究会およびホームページの立ち上げにご尽力され、上尾市はもとより埼玉県内の地域医療体制の整備、充実、および会の発展に多大なる貢献をされました。

平成十二年に会長の職をご退任されてからも、当会顧問として後進の指導、育成にあたられ、機会あるごとに役員へのアドバイスをくださいました。このような大きな存在を失うこととなり、まさに痛恨の極みです。

今後、先生の訓えを胸に日々研鑽を積み、当会発展のために一層の精進を誓い、地域医療に貢献してまいる所存です。

生前のご指導に深い感謝を捧げて、お別れの挨拶とさせていただきます。

会員一同心から冥福をお祈り申し上げます。

令和三年十一月二十三日
上尾市医師会長　伊波 潔」

当医師会が独立した当時、会員の多くは明治以来の学制によって育った世代で、これに米国風新制度による昭和25年発足した新制大学を卒業した新しい世代が加わり二つの世代が混在していた。旧世代は大学、医大、医専、海兵、陸士、引き揚げ、復員などその経歴は多彩。

初代会長という重い任についた元陸軍軍医大島先生は会務を始めるにあたり、右腕たる副会長に、新世代の中から中澤先生に白羽の矢を立てた。

以来、８年間ともに会務を遂行した。


新執行部は、円滑な会の運営のためには何より会員の相互理解が最重要と考え、定例医師会、学術講演会、懇親会の同日開催、ブロック会、家族同伴クリスマス会など矢継ぎ早に企画、実施に移していった。

この目的のために、更に旬刊会誌発行を決定。

僕はこの編集委員のひとりとなり、毎回の同会議に出席することとなった。この会議で副会長の彼と顔を合わせる機会が増えた。

彼は昭和９年４月14日、埼玉県秩父市で生まれ、育つ。

昭和28年県谷高校卒業。

同年４月日本大学工学部入学、医学部受験資格獲得。

同30年　同大医学部入学、同34年卒。

医師免許取得後、同35年４月、同大第一内科入局、同時に同大大学院博士課程専攻、同35年終了、博士号取得。

同42年、内科医院開業。彼の業績貢献に対する県知事を始めとする表彰20回に及んだ。

令和２年５月、閉院。自宅会員に転じた。


昭和19年夏、戦局暗転、本土空襲の危険が迫ってきた。政府は都市住民を分散させる疎開を決定。学童については、４、５、６年生を一括、学校単位で分散、「学童集団疎開」が実施されることとなった。僕が12才の時だった。

当然、６年生の僕だけが離京する筈だったが、両親は父だけを東京に残し、出入りの酒店の縁故を頼りに、家族揃っての疎開を決めた。

その日、まだ明けきらぬ薄暗い朝早く、見送りのため自宅に集まってくれた近所の人、姉と僕の学友など数人の人達と一緒に最寄りの池上線「久ケ原」駅まで歩いて行った。改札口で「半年後に又会いましょう」と

慌ただしく約束の挨拶を交わし、心を残しながら車中の人となった。五反田、上野、熊谷、寄居と電車と汽車を乗り継ぎ、同日の午後、最後に乗り換えた単線の電車からやっとホームに降り立つことができた。駅名は秩父線「影森」といった。

当面の住居となる村に1軒だけの駅前旅館で旅装を解いた。早速2階の窓を開けると、山並みの後方に山頂近くの山肌が人工的に削られ石灰岩が露出している雄大な山が眼前に迫っていた。この山は武甲山といいこの駅はこの山から掘り出された鉱石を発送するための基地でもあるという。

何列にも並んだレールの上では何台もの貨車が連結を操作される度に大きな音を立てながら忙しそうに前後に移動を繰り返していた。


半年後の帰京予定は果たされず、この地で終戦までの丸一年を過ごすこととなった。

天候が崩れるとこの風景は雲と霧に覆われたちまち幽玄な墨絵の世界に変貌する。この暗い墨絵のような景色は何故か僕の望郷の念を強烈に呼び覚ました。胸が絞めつけられるような感覚を耐えねばならなかった。

彼の生まれ育った秩父市は僕が過ごした影森村と隣接している。僕がこの地に疎開していたことを知って以

来、彼は古くからの同郷の人でもあるかのように、何かと特別な親しみをもって接してくれているように感じられた。

ある日の会の席上、顔を合わせた彼は僕に近づいて来ると
「来週、一席設けるから、つきあってよ」

「何で？あらたまって何さ？」

「会わせたい人が居るんだ。相手からも頼まれているんだ。会うまで秘密」

当日の夜、指定された料亭を訪ねた。

案内された座敷の座卓の前には彼と並んで品の良い見知らぬ紳士が座っていた。僕が彼らの前に座ると、その紳士は親しげな表情で僕に笑いかけた。

「お久し振りです。お元気そうですね」

その声には聞き覚えがあった。

思い出した。


一足飛びに12才頃の少年時代に戻った。

僕は覚えていた名前で呼び掛け、紳士に挨拶を返した。


半年後に中学受験を控えた僕の学力低下を心配した母は、僕の転校先に村ではなく町の学校を選んだ。２学期からは新しい学校に、生まれて初めて電車に乗って

通うこととなった。

1時間に1本だけの単線の朝の通勤電車に乗り始めてすぐ、僕の他にもこの村から同じ町の学校に通う5年の男子と4年の女子生徒が居ることが判った。

僕が卒業するまでの半年間、3人仲良く同じ電車に乗って登校した。

紳士の正体は当時5年生だった電車通学を一緒にしたその男子生徒だった。名刺に書かれていた肩書によると、総合ビルを管理する非常に高い地位についていることが知れた。3人は昔からの仲間のように打ちとけて宴を楽しんだ。

話題は、過去から現在まで尽きることがない。訪れる者、迎える者。客と主人。都会と地方。疎開には異文化の衝突だった側面があったことに思い当たった。宴席を設けた彼は終始満足そうに上機嫌だった。

彼がいかに交友関係を大事にしているか、古里をいかに深く愛しているか、そんな彼の熱い思いが素直に伝わってきた。


彼の長女と僕の娘とは殆んど同じ頃に生まれ、小学校から大学までの約10年間を同じ学校に通った。今でも会のクリスマス会などには連絡しあって再会を楽しむといった良い交友関係が続いている。

娘はこれまで何度か彼の自宅を訪れる機会があったそうだが、そんな折には彼は何か役に立つことは無いかと、いつも二人を気遣ってくれたという。

娘の話から、彼の私的な生活の一端を知ることが出来た。誠実円満な人柄、多趣味（テニス、ゴルフ、釣り、車、家族旅行など）、家族中心主義（４人の娘、６人の孫、４人の曾孫）、生涯現役主義などなど。

令和元年正月、妻に先立たれたときひどく気落ちし、以来気力体力意欲が目に見えて急速に衰えたという。

しかし廃院、介護施設入所には断固反対拒否しつづけた。

入所には家族が大変手こずったこと。しかし入所後は穏やかに新しい生活を受け入れたこと。

そんな介護施設入所前後の様子なども知ることができた。

妻の死から約３年、後を追うかの如く、最後は安らかに息を引きとったという。


彼は公私ともに精一杯生きた。充実した見事な人生を生き抜いた。

心から、冥福を祈っている。

合掌

一二　上尾市医師会「昭和ひとけた執行部」(故伊藤敏夫先生を偲んで)

上尾市医師会元会長伊藤敏夫先生が令和４年８月28日、92年の生涯を閉じた。

彼が僕よりまさか先に逝くことがあるとは、うかつにも一度として想像したことが無かった。

手痛い不意打ちを食らった感覚だった。

「ある時は ありのすさびに 語らはで

恋しきものと 別れてぞ知る」

痛惜の念が、僕にため息をくり返させた。

彼は昭和５年８月19日、この世に生を受ける。

昭和30年春、千葉大学医学部卒業、医師免許取得、同大第２外科入局。同39年医学博士号取得。

同41年５月、上尾胃腸科外科医院開業。

同49年４月、北足立郡市医師会理事。

同51年４月、埼玉県、上尾市医師会理事（４期８年)。

同59年４月、埼玉県代議員、上尾市医師会長（４期８年)、平成４年３月退任。

その後長期に亘り埼玉県医師会常任理事、同代議員、県救急医療部会会長などの要職、更に上尾看護専門学

校校長、群保健会会長など多くの役職を歴任した。その他様々な分野における貢献に対し平成６年５月、藍褒章
同15年４月、五等双光旭日章
を受賞した他、県医師会、県などから実に18回の表彰を受けた。

敗戦から約40年、当会が郡から独立してから８年、昭和59年春の総会で、初代大島先生から彼、伊藤先生へと会長職が継承された。

会は７つのブロックから理事として選出された20名程の会員が構成する理事会によって運営される。この時、僕は「理事職は公平を期すため所属会員全員が２期毎に交替して担当する」という第１ブロックの決まりに従い２期目の理事の立場にあった。会では会計を担当していた。

ちなみにこの会計という役職は、仮にも大金を扱う公的法人の金庫番。後に公認会計士が管理するまで重い役職とされ、これに会長、副会長を加えた三職は当時執行部の「三役」と呼ばれていた。

総会に続く懇親会の席で、会長に決まったばかりの彼が、やゝ改まった様子で声を掛けてきた。それまでの彼は僕にとって、どこか近寄り難い雰囲気を感じる雲

の上の人だった。

「白皙」という云葉が似合いそうな聡明らしく整った顔立ち、生真面目な表情、背筋を伸ばした姿勢……勝手にそんな感じを作っていたのだろう。実際に会って受けた印象は予想とは全く違っていた。話しているうち、友人と会っているような自然な雰囲気となり、身構える必要はまるでなかった。誠実で明るい性格らしいことも伝わってきた。

用件はこの総会で新しく作られた副会長就任依頼という思いもよらぬものだった。

これまでひとりで担ってきた副会長職をこれからは総務と地域医療との二つに分け、それぞれ別の会員が担当すると決められたのだ。

折角の申し出ではあったが、自分にはとてもそんな大役を引き受けるだけの器量も自信も余裕も無いのが判っていたので、丁重に断った。

「立場は皆同じ。この立場に今立っているのも人の助けがあったからこそ。この恵まれた現代社会に生きていられるのも人々のお陰。出来るようになったら、置かれた立場でできるだけの恩返しをするのが人の道。それが出来るのは今」

「何であれ『長と名のつく立場』を一度は体験すべし。『チョー』と名がつけばアッペ（盲腸）だってやった

方がいい」


彼の云葉のいくつかは、確かに僕の心に響くものがあった。結局、その場で申し出を了承、身に余る大役を引き受ける覚悟を決めた。彼に声を掛けられたことが嬉しかったのと、本音のどこかで「長」という云葉に魅力を感じたからだったのだろう。

「総務」に藤村（秀)、「地域」に柿沢、「会計」に上林（茂）と決まり、この３名が新会長を補佐することとなった。僕を除く３名にはすでに豊かな経験があり会務に詳しかった。

この時、会長54歳５か月、彼を補佐する３名は全員揃って昭和８年生まれ。いわば「昭和ひとけた執行部」が誕生した。

今からかれこれ40年も前、昔のことになる。

以来４期８年間の公務を主に多くの時間を共有した。僕が公務を離れた後も、この時期に培われた交友関係は各自がこの世を去るまで、切れることなく続くこととなった。


公務を担当したこの８年間はおおむね西暦の「80年代」という一時期に該当する。

第２次大戦終結でもたらされた平和は束の間、戦勝国

米ソ間の対立は「東西冷戦」に発展、各地に戦火と紛争を頻発させ、緊張と不安の絶えない世界を生み出していた。

戦に負けた日本は戦争を放棄、訪れた平和を享受、朝鮮特需、神武、岩戸などと呼ばれた好景気に支えられ、戦中戦後の記憶も薄れ、この頃すでに復興の域を越えていた。一面の焦土と化した街には新しいビルが林立、豊かで便利、快適な欧米風の新しい社会が現実のものとなっていた。90年代に移る頃、「ジャパン・アズ・ナンバーワン」と題する本が出版された。

80年代、世界では、イラン・イラク戦争、イラク・クエート侵攻、米・多国籍軍イラク進攻、フォークランド紛争、ソ連アフガニスタン進攻。チェルノブイリ原発事故、大韓航空機ソ連領内撃墜、ベルリンの壁崩壊、ソ連崩壊、天安門事件など、国内では、ホテルニュージャパン火災、戸塚ヨットスクール、グリコ・森永、リクルートなどの事件、日航機羽田沖、御鷹山墜落、雲仙普賢岳噴火、エイズ、消費税、ブラックマンデイ、バブル景気、東北新幹線、青函トンネル、横浜ベイブリッジ、東京ドーム、ディズニーランド、NTT、JR 民営化、衛星放送などなどが話題となり、新聞、テレビで報道された。一部は記憶され残された。

パソコンの元祖ワープロ、スマートフォンの先祖携帯

電話が初めて市場に登場したのもこの頃。

他方、特に遅れていた本県の医療環境の整備がようやく本格化した時期に当たっていた。

現在県内各地に散在する大学経営大病院、県立専門医療機関など、この時すでに実施に移されていた一部を含め、殆どがこの時期に計画されたものだ。

加えて国の老人保健法による各種検診、各種保健事業、病床規制、看護婦不足問題など行政との接触交渉が必要な課題が山積していた。

県医師会、県、市、市議会などとの会議が昼、夕刻、夜、又それに続く夜の懇親会が頻繁に開かれた。重要な会議には４人揃って出席した。

外部と接触する場では、彼は常に医師であり、その集団をまとめる長であり、その時彼が置かれ、求められている己の立場をひとときとして忘れることがなかった。隙のない毅然とした態度を崩した場面を見たことが無い。

雛形が既に決められた形ばかりと思われるような会議の席でも真摯に主張すべきは云葉を尽くし、聞くべきには耳を傾けた。「この件は会に持ち帰って更めて」と慎重に即答を避ける場合もしばしばあった。

彼は会の評価を高めこそすれ毀損したことは無い。

集会の後、解散せずそのまま４人だけで場所を変え慰

労会を開いたのが切っ掛けとなり、その後殆んど毎回馴染みの店で、日付が変わるまで宴を開くのが常習化した。

日本酒、ウイスキー、ビールそれぞれを入れた器が乾杯の挨拶を交わした後はたちまち緊張から解放され、久し振りの同窓会に似た懐かしくも心躍る楽しい宴席となった。回を重ねるにつれ、お互いの個性、気心も知れ良い距離をとった心許せる大人の仲間に育っていった。

そんな或る晩の宴席で
「いやしくも会と名のつく人の集まりにとって、最も大事なもの、それは『人事』だ」

それが彼の持論だというのを聞いて、1人が尋ねた。

「ならば、この3人を3役に選んだ理由、それぞれの美点を公開して」

「人材は何人も居たさ。選んだ理由……」

3人は彼を注視し、期待して答えを待った。

「決まっているだろ……揃いも揃って3人、人並み以上の飲兵衛だからさ。同じ仕事をするのにその方が楽しいじゃないか」

答えを聞いて3人は顔を見合わせた。

「納得」

誰かのひと声をきっかけに4人揃って大笑い。

「ワンダーショット、楽しくなくっちゃ」

この寸評のような短い云葉を、会話の途中に挟み込むのをしばしば耳にしたが、共感、賛成、慰労、感謝など、その時々で感じた彼の気持ちが正しく３人には伝わってきた。


「まあ、座れよ」

初めて彼の診療所を訪れた僕を、休日で暗く人気のない診察室の明かりを点け室内に誘なうと、患者用の椅子をすすめてくれた。

彼は机の前の椅子に座り、机の上の顕微鏡に手を伸ばした。

年号が平成に変ってから未だあまり月日が経っていない頃、胃の不調を自覚するようになった。当番日を利用、自院から透視用バリウムを持参、休日診療所で調べてもらったところ、技師が噴門部の潰瘍を見つけてくれた。

県立がんセンターで再検査をしたところ、標本に悪性の疑いのある異形細胞の存在が証明された。

貸出してもらった数枚の標本を手渡すと、受け取った中の１枚を装着、早速顕微鏡を調整しながら覗き始めた。僕は何時にも増して真剣な表情の彼の横顔をじっと見つめていた。

医師となり２年遅れて入局。彼と同じ教室で修業した極く親しい高校同期の友人がいた。その友人から医局時代の彼についていくつかの情報を得ていた。

後輩指導では非常に厳しかったこと、手術手技に定評があったこと、その技を伝えるため教授の代理として米国遊学の経験があったこと、病理には詳しかったこと、後任の教授候補のひとりと目されていたことなどなど。

医局時代の良い噂を裏付けるように、地元でも「腕のいい医者」、「名医だ」との評判があるのも聞き知っていた。

会の運営に「特に先輩には敬意を、同輩には理解、後輩には愛情を」を心掛けていると聞いたことがある。

彼が身につけた上に立つものが備えるべき諸々の美質の多くは、若い頃の医局生活がはぐくんだものだったのかも知れない。

本業の医師としても、卓越した技量と患者から信頼される人格とを併せ持った優れた臨床医であることが納得できた。


やがて彼は顕微鏡から顔を離し、いち度大きく息をしてからこちらに向き直った。

「ウーン。微妙だなあ。面白くないのが混ざっているのは間違いない。でも、今急いですぐ手術というのはどうかなあ？　頼りになるのがひとり女子医大で教授やっているのが居る。そいつの意見を聞いてみてやるよ。お盆休みを利用すれば、２、３日の検査入院ならできるだろう？」

僕が承知すると机に向かい紹介状を書き始めた。

僕は再び彼の横顔をずっと見続けた。


計画中断、幻となった市民病院設立計画、市内の県立リハビリテーションセンター開設、あわや中止の危機に見舞われた看護専門学校開校、苦楽を共にした折々の忘れがたい情景がいくつも思い出された。

彼は僕を未知の世界に誘ない、数々の貴重な経験をさせてくれた。思えば僕の人生の50代を楽しく充実させてくれた恩人でもあった。

書状を書き終え、それを封筒に収め
「明日、電話しておくよ。もし手術となれば全摘だな。場所が悪い。心配要らない。うちの医局は御存知のように食道には強いんだ。それで駄目ならあきらめろ」

「もしお前さんが死んだら、その時には俺がとびきり立派な弔辞を読んでやるよ。約束する、心配するな」

明るく笑いながら気になるひと云を付け加え、標本と

一緒に手渡してくれた。

訃報を知った今、彼の生涯を貫いた根っ子のようなものは、一体何だったのかと考えてみた。

かつて僕の背中を押した「恩返し」というあのふた文字の実践ではなかったか。思い返してみても、それがどうやら正解なような気がしてくるのだ。ともかく、彼は僕が畏敬する数少ない人のひとりとなっていた。

今年の秋、元首相の国葬の場で披露され広く知られるようになった山縣有朋が詠んだ一首の和歌。僕の心にも沁みてくるものがあった。

僕は生前、彼に抱いていた畏敬の念と感謝の気持ちを直接云葉にして伝えたことが無かった。今、遅ればせながら、感謝と追悼の真心をこめ、この和歌を借りて別れの挨拶としよう。

「かたりあいて 尽くしし人は 先だちぬ
今より後の 世をいかにせむ」

合掌

—あ と が き—

昭和ひとけたに生まれた僕が、還暦を迎えた後、ひとり娘の勧めに押され、それまで所属医師会報に載せられた文章のいくつかを「少国民の夢」と題する本にまとめ、おこがましくも自費出版したことがある。

いざ出来上がった本を手にしたとき、思いのほか嬉しく感じた記憶がある。

あれから二十年余、この間多くの友人、知人がこの世を去っていった。共に青春時代を謳歌し終生の友となつた僕が最も敬愛したふたりの友も、すでにこの世に無い。ひとりは元長崎大学内科教授　片山知之、もうひとりは西村外科院長　西村忠雄。このふたりのことをかつて「秋空」、「ひとり旅」と題する文章にして会報に載せた。この小文は今の僕にとっては、ふたりを偲ぶ追悼文に等しい。

卒寿を迎えたのを機に、すでに「少国民の夢」に載った二編の追悼文と合わせて、ひとつの本にまとめてみることを考えてみた。今回も、娘の勧めがあってのことではあったが、このような本を作ることの虚しさがひしひしと感じられるが、ただ、強いてこの時代を生

きた人の記録のひとつと考えれば、何がしかの意味はあるのかとも思い決断した。

出上がった本を手にしたときの嬉しさも甦る。少なくとも「本にしなかったことを、後悔すること」だけは無いだろう。

会報には会の活動の記録にとどまらず、イラク戦、地下鉄サリン、生体肝移植、阪神大震災などなど折々の話題についても「僕の日記から」などの文章の中に置いてきた。

文章の中に新聞などから識者の意見などを拾いしばしば借用、引用した。

読み捨てるには惜しく思われたもののいくつかを、この本の中に残することとした。

—追　記—

昭和８年、教科書出版社に勤める平均的サラリーマンの長男として、東京郊外、大田区久が原で出生。多摩川河口から15キロ程内陸に入ったあたりの自然豊かで閑静な住宅地、恵まれた環境の中で幼少時代を過ごす。

小学校３年の暮れ、対米英戦勃発。以後、戦時体制。

昭和19年、国民学校６年の夏休み、唐突に学童疎開が閣議決定された。

父の職場は国の教科書統制により閉鎖。父は電気関連の会社に転職。その後、その会社の技術者と共同で、電気部品を作る小さな工場を作り、その会社の経営責任者となっていた。

父だけを東京に残し、母と女学校２年の姉、５才と１才の弟との５人で知人の縁を頼りに埼玉県秩父市隣村へ疎開した。

昭和20年の３月の下町に続く５月山の手の空襲により、東京の約半分が焦土と化した。

生家はこの５月の空襲で廃墟に帰した。その３ヶ月後、戦争は終わった。

母は帰京を急いだ。家族はこの時期、父の住んでいた、上野桜木町の借家に身を寄せた。別の家族との同居生活を余儀なく強いられた。

昭和22年春、同じ台東区内、母の故郷でもあった根岸に土地を借り、戦災証明書を頼りに家を建てた。

焼け跡に建つ小さく粗末な家ではあったが、自分たちだけの念願の新しい家だった。

想像以上に困難を極めた疎開生活と、家の建築での心労が重なったためか、転居して間もなく母は体調を崩した。東大付属病院に入院したが改善せず、1ヶ月後の同年7月、家族の願いも虚しく、息をひきとった。

その2年後、キティ台風が父の工場を水没させた。会社経営悪化、遂に倒産。姉の機転で間一髪、名義変更をして、家の差し押さえは免れた。

貧困に陥った。姉を始め家族ができる限り力を合わせた。

昭和26年、お陰で受験目的もあって転校した都立両国高校をどうにか卒業することができた。

大学ではアルバイトに加え、奨学金、月謝免除、学生寮などの国のありがたい制度の力を借り、千葉大学を経て群馬大学医学部を無事卒業することができた。

その後、母校の第2外科執務室に入局。以後、九段坂病院等の勤務経験を経て、昭和45年37歳の時、埼玉

県上尾市に有床診察所を開設。この間に東京医科歯科大学細菌学教室に通い、博士号を取得。

地域医師会では、第２代会長の副会長を４期８年務めた他、与えられた職責を果してきた。会報編集部の依頼に応じ会の活動報告や拙文を投稿してきたが、自分でも驚くほどの数になった。

63歳で県立がんセンターに入院。胃切除術を自ら体験した。この時期、娘の勧めもあって会報誌に載せられた拙文の中から何編かを選び、「少国民の夢」と題し、一冊の本にまとめた。

あれから早、約20年が過ぎた。

令和５年、90才になった。

これを機に、すでに無床化し外来だけとなった診察所を閉鎖し廃院した。

過ぎ去りゆく歳月の間に、親しく交遊のあった会員がひとり、またひとりと世を去っていった。その都度、会報誌に載せられた追悼文の数は10人を超えた。本人の知らぬところで、前回と同じような企画が娘によって進められていた。本人の追悼文としてなら、また或る地域医師会の何らかの記録としてなら、いくらかの意味があるかも知れない。

このような企画が日の目を見ることになるため、医師会の佐々木女子はじめ職員の方に多大なご迷惑をかけ

たにもかかわらず終始、快く協力していただいたという。また、娘が大変尊敬している出版界の重鎮、平田静子さんに大胆にも相談して、この本のために沢山の方々が携わって下さったそうだ。

心苦しい限りだ。

その心からの感謝の念をここに記した。

著者プロフィール

外科認定医・医学博士
柿澤　弘基（かきざわ　ひろもと）

昭和８年　大田区久が原で出生
昭和19年　国民学校６年　学童縁故疎開
昭和20年　東京大空襲により生家焼失
昭和22年　台東区根岸に転居
昭和26年　両国高校卒業　千葉大学文理学部入学
昭和32年　群馬大学医学部卒業
昭和45年　有床診察所開業
平成12年　小国民の夢として会報誌をまとめる
令和５年　11月閉院
令和６年　終活中

過ぎにし歳月　別盃の歌

2024年３月５日　第１刷発行

著　者　柿澤　弘基
発行人　後尾　和男
発行所　株式会社玄文社

【本　社】〒108－0074　東京都港区高輪４－８－11
【事業所】〒162－0811　東京都新宿区水道町２－15　新灯ビル
TEL　03－5206－4010　FAX　03－5206－4011
http://www.genbun-sha.co.jp
e-mail：info@genbun-sha.co.jp

企画協力　柿沢美貴・平田静子
編　　集　新井京子
印 刷 所　新灯印刷株式会社